G

INTRODUCTION
A
L'HISTOIRE UNIVERSELLE

Imprimerie de Ducessois, 55, quai des Grands-Augustins.

INTRODUCTION

A

L'HISTOIRE UNIVERSELLE

SUIVIE

DU DISCOURS D'OUVERTURE

Prononcé en 1834 à la Faculté des lettres,

ET D'UN

FRAGMENT SUR L'ÉDUCATION DES FEMMES
AU MOYEN AGE,

Par M. MICHELET,

MEMBRE DE L'INSTITUT, PROFESSEUR AU COLLÉGE ROYAL DE FRANCE,
CHEF DE LA SECTION HISTORIQUE AUX ARCHIVES DU ROYAUME.

Troisième édition.

PARIS
LIBRAIRIE CLASSIQUE DE L. HACHETTE,
RUE PIERRE-SARRAZIN, 12,

1843

Ce petit livre pourrait aussi bien être intitulé : *Introduction à l'Histoire de France ;* c'est à la France qu'il aboutit. Et le patriotisme n'est pour rien en cela. Dans sa profonde solitude, loin de toute influence d'école, de secte ou de parti, l'auteur arrivait, et par la logique et par l'histoire, à une même conclusion : c'est que sa glorieuse patrie est désormais le pilote du vaisseau de l'humanité. Mais ce vaisseau vole aujourd'hui dans l'ouragan ; il va si vite, si vite, que le vertige prend aux plus fermes, et que toute poitrine en est oppressée. Que puis-je dans ce beau et terrible mouvement? Une seule chose : le comprendre ; je l'essaierai du moins. Mais il part de haut et de loin ; ce ne serait pas trop de l'histoire du monde pour expliquer la France. Peut-être aurai-je le temps d'exposer ailleurs ce que je ne puis qu'indiquer aujourd'hui. Je voudrais dans ce rapide passage, obtenir quelques moments du tourbillon qui nous entraîne, seulement ce qu'il en faut pour l'observer et le décrire ; qu'il m'emporte après, et me brise s'il veut !

Paris, 1er avril 1831.

INTRODUCTION

A

L'HISTOIRE UNIVERSELLE.

Avec le monde a commencé une guerre qui doit finir avec le monde, et pas avant; celle de l'homme contre la nature, de l'esprit contre la matière, de la liberté contre la fatalité. L'histoire n'est pas autre chose que le récit de cette interminable lutte.

Dans les dernières années, la fatalité semblait prendre possession de la science comme du monde. Elle s'établissait paisiblement dans la philosophie et dans l'histoire. La liberté a réclamé dans la société; il est temps qu'elle réclame aussi dans la science. Si cette introduction atteignait son but, l'histoire apparaîtrait comme l'éternelle protestation, comme le triomphe progressif de la liberté.

Sans doute la liberté a ses limites; je ne songe pas à les contester : je ne les sens que trop dans l'action absorbante de la nature physique sur l'homme, mieux encore au trouble que ce monde ennemi jette en moi. Eh! qui n'a pas cent fois, au milieu des menaces et des séductions dont il nous obsède, maudit, nié la liberté?... *Elle se meut pourtant*, comme disait Galilée; en moi, quoi que je fasse, je trouve quelque chose qui ne veut pas céder, qui n'accepte le joug ni de l'homme, ni de la nature, qui ne se soumet qu'à la raison, à la loi, qui ne connaît point de paix entre soi et la fatalité. Dure à jamais le combat! il constitue la dignité de l'homme et l'harmonie même du monde.

Et il durera, n'en doutons pas, tant que la volonté humaine se roidira contre les influences de race et de climat; tant qu'un Byron pourra sortir de l'industrielle Angleterre pour vivre en Italie, et mourir en Grèce; tant que les soldats de la France iront, au nom de la liberté du monde, camper indifféremment vers la Vistule ou vers le Tibre [1].

Ce qui doit nous encourager dans cette lutte sans fin, c'est qu'au total la partie nous est favorable. Des deux adversaires, l'un ne change pas, l'autre change et devient plus fort. La nature reste la même, tandis que chaque jour l'homme prend quelque avantage sur elle. Les Alpes n'ont pas grandi, et nous avons frayé le Simplon. La vague et le vent ne sont pas moins capricieux, mais le vaisseau à vapeur fend la vague sans s'informer du caprice des vents et des mers.

Suivez d'orient en occident, sur la route du soleil et des courants magnétiques du globe, les migrations du genre humain; observez-le dans ce long voyage de l'Asie à l'Europe, de l'Inde

---

[1] Ceci était écrit en janvier 1830. Je n'ai pas eu le courage de l'effacer.

à la France, vous voyez à chaque station diminuer la puissance fatale de la nature, et l'influence de race et de climat devenir moins tyrannique. Au point de départ, dans l'Inde, au berceau des races et des religions, *the womb of the world*, l'homme est courbé, prosterné sous la toute-puissance de la nature. C'est un pauvre enfant sur le sein de sa mère, faible et dépendante créature, gâté et battu tour à tour, moins nourri qu'enivré d'un lait trop fort pour lui. Elle le tient languissant et baigné d'un air humide et brûlant, parfumé de puissants aromates. Sa force, sa vie, sa pensée, y succombent. Pour être multiplié à l'excès et comme dédaigneusement prodigué, l'homme n'en est pas plus fort; la puissance de vie et de mort est égale dans ces climats. A Bénarès, la terre donne trois moissons par an. Une pluie d'orage fait d'une lande une prairie. Le roseau du pays, c'est le bambou de soixante pieds de haut; l'arbre, c'est le figuier indien qui, d'une seule racine, donne une forêt. Sous ces végétaux monstrueux vivent des monstres. Le tigre y veille au bord du fleuve, épiant l'hippopotame qu'il atteint d'un bond de dix toises ; ou bien un troupeau d'éléphants sauvages vient en fureur à travers la forêt, pliant, rompant les arbres à droite et à gauche. Cependant des orages épouvantables déplacent des montagnes, et le choléra-morbus moissonne les hommes par millions.

Ainsi, rencontrant partout des forces disproportionnées, l'homme accablé par la nature n'essaie pas de lutter, il se livre à elle sans condition. Il prend et reprend encore cette coupe enivrante où Siva verse à pleins bords la mort et la vie ; il y boit à longs traits ; il s'y plonge, il s'y perd ; il y laisse aller son être, et il avoue, avec une volupté sombre et désespérée, que Dieu est tout, que tout est Dieu, qu'il n'est rien lui-même qu'un accident, un phénomène de cette unique substance. Ou bien, dans une patiente et fière immobilité, il conteste l'existence à cette nature ennemie, et se venge par la logique de la réalité qui l'écrase.

Ou bien encore, il fuit vers l'Occident, et

commence vers la Perse le long voyage et l'affranchissement progressif de la liberté humaine.

« En Perse, dit le jeune Cyrus dans Xénophon, l'hiver et l'été existent en même temps. » Un air sec et léger dégage la tête des pesantes vapeurs qui l'alourdissaient dans l'Inde. La terre, aride à la surface, cache dans son sein mille sources vives qui semblent appeler l'industrie agricole. Ici, la liberté s'éveille et se déclare par la haine de l'état précédent : les dieux de l'Inde deviennent des *dives*, des démons; les sacrées images sont désormais des idoles; plus de statues, plus d'art. Ainsi se présente dès son origine le génie iconoclaste des peuples héroïques. A cette divinité multiple qui, dans la confusion de ses formes infinies, prostituait l'esprit à la matière; à cette sainteté impie d'un monde-dieu, succède le dualisme de la lumière pure et intelligente, de la lumière immonde et corporelle. La première doit vaincre, et sa victoire est le but marqué à l'homme et au monde. La religion s'adressant à l'homme intérieur, le sacerdoce n'apparaît que pour montrer son impuissance. Les sectateurs du magisme fêtent annuellement le massacre des mages. Nous ne trouvons plus ici la patience de l'Indien, qui ne sait se venger de son oppresseur qu'en se tuant sous ses yeux.

La Perse est le commencement de la liberté dans la fatalité. La religion choisit ses dieux dans une nature moins matérielle, mais encore dans la nature : c'est la lumière, le feu, le feu céleste, le soleil. L'Azerbidjan est la terre de feu. La chaleur féconde et homicide des bords de la Caspienne rappelle l'Inde, à laquelle nous croyions avoir échappé. Le sentiment de l'instabilité universelle donne au Persan une indifférence qui enchaîne son activité naturelle. La Perse est la grande route du genre humain ; les Tartares d'un côté, les Arabes de l'autre, tous les peuples de l'Asie ont logé, chacun à son tour, dans ce caravansérail. Aussi les hommes de ce pays n'ont guère pris la peine d'élever des constructions solides. Dans la moderne Ispahan, comme dans l'antique Babylone, on bâtit en brique; les maisons sont de légers kiosques, des pavillons élégants, espèces de tentes dressées pour le passage; on n'habite point celle de son père; chacun s'en bâtit une, qui meurt avec le propriétaire. Ils ne gardent pas même d'aliments pour le lendemain; ce qui reste le soir, on le donne aux pauvres. Ainsi, à son premier élan, l'activité humaine retombe découragée et expire dans l'indifférence. L'homme cherche l'oubli de soi dans l'ivresse. Ici, l'enivrement n'est point, comme dans l'Inde, celui de la nature; l'ivresse est volontaire. Le Persan trouve dans le froid opium les rêves d'une vie fantastique, et, à la longue, le repos de la mort.

La liberté humaine, qui ne meurt pas, poursuit son affranchissement de l'Égypte à la Judée, comme de l'Inde à la Perse. L'*Égypte est le don du Nil;* c'est le fleuve qui a apporté de l'Éthiopie, non-seulement les hommes et la civilisation, mais la terre elle-même. Le grand

Albuquerque conçut, au seizième siècle, le projet d'anéantir l'Égypte. Il suffisait pour cela de détourner le Nil dans la mer Rouge; le sable du désert eût bientôt enseveli la contrée. Tous les étés, le fleuve, descendant des monts inconnus, vient donner la subsistance annuelle. L'homme qui assistait à cette merveille précaire, à laquelle tenait sa vie même, était d'avance vaincu par la nature. La génération, la fécondité, la toute-puissante Isis domina sa pensée, et le retint courbé sur son sillon. Cependant, la liberté trouva déjà moyen de se faire jour; l'Égypte, comme l'Inde, la rattacha au dogme de l'immortalité de l'âme. La personnalité humaine, repoussée de ce monde, s'empara de l'autre. Quelquefois, dans cette vie même, elle se souleva contre la tyrannie des dieux. Les deux frères Chéops et Chéphrem, qui défendirent les sacrifices, et furent maudits des prêtres, passent pour les fondateurs des Pyramides, ces tombeaux qui devaient éclipser tous les temples. Ainsi, le plus grand monument de ce monde fatal de l'Egypte est la protestation de l'humanité.

Mais la liberté humaine ne s'est point reposée avant d'avoir atteint dans sa fuite les montagnes de la Judée. Elle a sacrifié les *viandes et les oignons* de l'Égypte, et quitté sa riche vallée pour les roches du Cédron et les sables de la mer Morte. Elle a maudit le veau d'or égyptien, comme la Perse avait brisé les idoles de l'Inde. Un seul dieu, un seul temple. Les juges, puis les rois, dominent le sacerdoce. Héli et Samuel veulent faire régner le prêtre, et n'y parviennent pas. Les chefs du peuple sont les forts qui l'affranchissent de l'étranger; un Gédéon et ses trois cents; un Aod, qui combat des deux mains; un Samson, qui enlève sur ses épaules les portes des villes ennemies; un David, qui n'hésite point à manger les pains de proposition. Et à côté du génie héroïque, le sacerdoce voit la liberté humaine lui susciter un plus formidable ennemi dans l'ordre même des choses religieuses. Les voyants, les prophètes s'élèvent du peuple, et communiquent avec Dieu sans passer par le temple. La nature, chez les Perses, prolongeait, non sans combat, son règne dans la religion; elle est détrônée chez les juifs. La lumière elle-même devient ténèbres à l'avénement de l'esprit; la dualité cède à l'unité. Pour ce petit monde de l'unité et de l'esprit, un point suffit dans l'espace, entre les montagnes et les déserts. Il n'est placé dans l'Orient que pour le maudire. Il entend avec une égale horreur retentir par-dessus l'âpre Liban les chants voluptueux d'Astarté, et les rugissements de Moloch. Qu'au Midi vienne la horde errante de l'Arabe, sans demeure et sans loi, Israël reconnaît Ismaël pour son frère, mais ne lui tend pas la main. Périsse l'étranger; la ville sainte ne s'ouvrira pas. Il lui suffit de garder dans son tabernacle ce dépôt sans prix de l'unité, que le monde reviendra lui demander à genoux, quand il aura commencé son œuvre dans l'Occident par la Grèce et par Rome.

Si, dans l'histoire naturelle, les animaux

d'ordre supérieur, l'homme, le quadrupède, sont les mieux *articulés*, les plus capables des mouvements divers que leur activité leur imprime; si, parmi les langues, celles-là l'emportent qui répondent par la variété de leurs inflexions, par la richesse de leurs tours, par la souplesse de leurs formes, aux besoins infinis de l'intelligence, ne jugerons-nous pas aussi qu'en géographie, certaines contrées ont été dessinées sur un plan plus heureux, mieux découpées en golfes et ports, mieux limitées de mers et de montagnes, mieux percées de vallées et de fleuves, mieux *articulées*, si je l'ose dire, c'est-à-dire plus capables d'accomplir tout ce qu'on voudra tirer la liberté. Notre petite Europe, si vous la comparez à l'informe et massive Asie, combien n'annonce-t-elle pas à l'œil plus d'aptitude au mouvement? Dans les traits même qui leur sont communs, l'Europe a l'avantage. Toutes deux ont trois péninsules au midi, l'épais carré de l'Espagne et de l'Arabie, la longue arête de l'Italie et de l'Indostan, avec leur grand fleuve au nord, et leur île au midi ; enfin, ce tourbillon d'îles et de presqu'îles qu'on appelle ici la Grèce, là-bas la seconde Inde. Mais la triste Asie regarde l'Océan, l'infini ; elle semble attendre du pôle austral un continent qui n'est pas encore. Les péninsules que l'Europe projette au midi, sont des bras tendus vers l'Afrique ; tandis qu'au nord elle ceint ses reins, comme un athlète vigoureux, de la Scandinavie et de l'Angleterre. Sa tête est à la France, ses pieds plongent dans la féconde barbarie de l'Asie. Remarquez sur ce corps admirable les puissantes nervures qui se prolongent des Alpes aux Pyrénées, aux Crapaks, à l'Hémus ; et cette imperceptible merveille de la Grèce dans la variété heurtée de ses monts et de ses torrents, de ses caps et ses golfes, dans la multiplicité de ses courbes et de ses angles, si vivement et si spirituellement accentués. Regardez-la en face de la ligne immobile et directe de l'uniforme Égypte, elle s'agite et scintille sur la carte, vrai symbole de la mobilité dans notre mobile Occident.

L'Europe est une terre libre : l'esclave qui la touche est affranchi ; ce fut le cas pour l'humanité, fugitive de l'Asie. Dans ce monde sévère de l'Occident, la nature ne donne rien d'elle-même ; elle impose comme loi nécessaire l'exercice de la liberté. Il fallut bien se serrer contre l'ennemi, et former cette étroite association qu'on appelle *la cité*.

Ce petit monde, enfermé de murailles, absorba dans son unité artificielle la famille et l'humanité. Il se constitua en une éternelle guerre contre tout ce qui resta dans la vie naturelle de la tribu orientale. Cette forme sous laquelle les Pélasges avaient continué l'Asie en Europe, fut effacée par Athènes et par Rome. Dans cette lutte se caractérisent les trois moments de la Grèce : elle attaque l'Asie dans la guerre de Troie, la repousse à Salamine, la dompte avec Alexandre. Mais elle la dompte bien mieux en elle-même, et dans les murs mêmes de la cité. Elle dompte l'Asie, lorsqu'elle repousse, avec la polygamie, la nature sensuelle qui s'était maintenue en Judée même, et déclare la femme compagne de l'homme. Elle dompte l'Asie, lorsque, réduisant ses idoles gigantesques aux proportions de l'humanité, elle les rend à la fois susceptibles de beauté et de perfectionnement. Les dieux se laissent à regret tirer du ténébreux sanctuaire de l'Inde et de l'Égypte, pour vivre au jour et sur la place publique. Ils descendent de leur majestueux symbolisme et revêtent la pensée vulgaire. Jusque-là ils contenaient l'état dans leur immensité. En Grèce, il leur faut devenir citoyens, quitter l'infini pour adopter un lieu, une patrie, se faire petits pour tenir dans la cité. Ici sont les dieux doriens, là ceux de l'Ionie ; ils se classent d'après leurs adorateurs. Mais voyez, en récompense, combien ils profitent dans la société du peuple, comme ils suivent le progrès rapide de l'humanité. La Pallas de l'Iliade est une déesse sanguinaire et farouche, qui se bat avec Mars, et le blesse d'une pierre. Dans l'Odyssée, elle est la voix même de l'ordre et de la sagesse, réclamant pour l'homme auprès du père des dieux.

Et voilà ce qui fit la Grèce belle entre les choses belles. Placée au point intermédiaire où le divin est divin encore et déjà humain, où, se dégageant de la nature fatale, la fleur de la liberté vient à s'épanouir, la Grèce est restée pour le monde le type du moment de la beauté, de la beauté physique, et encore immobile; l'art grec n'a guère passé la statuaire. Ce moment dans la littérature, c'est Hérodote, Platon et Sophocle; moment court, irréparable, que la sagesse virile du genre humain ne peut regretter, mais qui lui revient toujours en mémoire avec le charme du premier amour.

Ce petit monde porte dans sa beauté même sa condamnation. Il faut que la beauté passe, que la grâce du jeune âge fasse place à la maturité, que l'enfant devienne homme. Quand Aristote a précisé, prosaïsé, codifié la science grecque; quand Alexandre a dispersé la Grèce de l'Hellespont à l'Indus, tout est fini. Le fils de Philippe rêvait que le monde était une cité *dont sa phalange était la citadelle.* La cité grecque est trop étroite pour que le rêve s'accomplisse; il faut un monde plus large, qui réunisse les caractères de la tribu et de la cité; il faut que les dieux mobiles de la Grèce prennent un caractère plus grave; il faut qu'ils sortent de l'art qui les retient dans la matière, qu'ils s'affranchissent du Destin homérique dans lequel pèse encore sur eux la main de l'Asie; il faut que la femme quitte le gynécée pour être en effet délivrée de la servitude. Sur les ruines du monde grec, dispersé, dévasté, reste son élément indestructible, son atôme, d'après lequel nous le jugerons, comme on classe le cristal brisé par son dernier noyau; ce noyau, c'est l'individu sous la forme du stoïcisme, ramassé en soi, appuyé sur soi, ne demandant rien aux dieux, ne les accusant point, ne daignant pas même les nier.

Le monde de la Grèce était un pur combat; combat contre l'Asie, combat dans la Grèce elle-même, lutte des Ioniens et des Doriens, de Sparte et d'Athènes. La Grèce a deux cités:

c'est-à-dire que la cité y est incomplète. La grande Rome enferme dans ses murs les deux cités, les deux races, étrusque et latine, sacerdotale et héroïque, orientale et occidentale, patricienne et plébéienne ; la propriété foncière et la propriété mobilière, la stabilité et le progrès, la nature et la liberté.

La famille reparaît ici dans la cité ; le foyer domestique des Pélasges est rallumé sur l'autel de Vesta. Le dualisme de la Perse est reproduit ; mais il a passé des dieux aux hommes, de l'abstraction à la réalité, de la métaphysique religieuse au droit civil. La présence de deux races dans les mêmes murs, l'opposition de leurs intérêts, le besoin d'équilibre, commence cette guerre légale par-devant le juge, dont la forme fait l'objet de la jurisprudence. L'héroïsme guerrier de la Perse et de la Grèce, cette jeune ardeur de combat devient ici plus sage, et consent à n'employer dans la cité d'autre arme que la parole. Dans ce duel verbal, comme dans la guerre des conquêtes, les adversaires sont éternellement le *possesseur* et le *demandeur*. Le premier a pour lui l'autorité, l'ancienneté, la loi écrite ; ses pieds posent fortement sur la terre dans laquelle il est enraciné. L'autre, athlète mobile, a pour arme l'interprétation ; le temps est de son parti. Et le juge, emporté par le temps, n'aura d'autre travail que de sauver la lettre immobile, en y introduisant l'esprit toujours nouveau. Ainsi la liberté ruse avec la fatalité ; ainsi le droit va s'humanisant par l'équivoque.

Rome n'est point un monde exclusif. A l'intérieur, la cité s'ouvre peu à peu aux plébéiens ; à l'extérieur, au Latium, à l'Italie, à toutes les provinces. De même que la famille romaine se recrute par l'adoption, s'étend et se divise par l'émancipation, la cité adopte des citoyens, puis des villes entières sous le nom de *municipes*, tandis qu'elle se reproduit à l'infini dans ses colonies ; sur chaque conquête, elle dépose une jeune Rome qui représente sa métropole.

Ainsi, tandis que la cité grecque, colonisant, mais n'adoptant jamais, se dispersait et devait, à la longue, mourir d'épuisement, Rome gagne et perd avec la régularité d'un organisme vivant ; elle aspire, si je l'ose dire, les peuples latins, sabins, étrusques, et, devenus Romains, elle les respire au dehors dans ses colonies.

Et elle assimila ainsi tout le monde. La barbarie occidentale, Espagne, Bretagne et Gaule, la civilisation orientale, Grèce, Egypte, Asie, Syrie, tout y passa à son tour. Le monde sémitique résistait : Carthage fut anéantie, la Judée dispersée. Tout le reste fut élevé malgré soi à l'uniformité de langues, de droit, de religion ; tous devinrent, bon gré, mal gré, Italiens, Romains, sénateurs, empereurs. Après les Césars, romains et patriciens, les Flaviens ne sont plus qu'Italiens ; les Antonins, Espagnols ou Gaulois ; puis, l'Orient réclamant ses droits contre l'Occident, paraissent les empereurs africains et syriens, Septime, Caracalla, Hélagabale, Alexandre-Sévère ; enfin les provinciaux du centre, les durs paysans de l'Illyrie, les Auréliens et les Probus, les barbares même, l'Arabe Philippe et le Goth Maximin. Avant que l'empire soit envahi, la pourpre impériale a été déjà conquise par toutes les nations.

Cette magnifique adoption des peuples fit longtemps croire aux Romains qu'ils avaient accompli l'œuvre de l'humanité. *Capitoli immobile saxum... res romanæ, perituraque regna...* Rome se trompa comme Alexandre, elle crut réaliser la cité universelle, éternelle. Et cependant les barbares, les chrétiens, les esclaves, protestaient, chacun à leur manière, que Rome n'était pas la cité du monde, et rompaient diversement cette unité mensongère.

Le monde héroïque de la Grèce et de Rome, laissant les arts de la main aux vaincus, aux esclaves, ne poursuivit pas loin cette victoire de l'homme sur la nature qu'on appelle l'industrie. Les vieilles races industrielles, les Pélasges et d'autres tribus furent asservies, et périrent. Puis, périrent, entre les vainqueurs eux-mêmes, les tribus inférieures, achéennes, etc.

Puis, dans les vainqueurs des vainqueurs, Doriens, Ioniens, Romains, les pauvres périrent à leur tour. Celui qui a, aura davantage; celui qui manque, aura toujours moins; si l'industrie ne jette un pont sur l'abîme qui sépare le pauvre et le riche. L'économie fit préférer le travail des esclaves, c'est-à-dire des choses, à celui des hommes; l'économie fit traiter ces choses comme choses; si elles périssaient, le maître en rachetait à bon marché, et y gagnait encore. Les Syriens, Bythiniens, Thraces, Germains et Gaulois, approvisionnèrent longtemps les terres avides et meurtrières de la Grèce et de l'Italie. Cependant le cancer de l'esclavage gagnait de proche en proche, et peu à peu, rien ne put le nourrir. Alors la dépopulation commença et prépara la place aux barbares, qui devaient venir bientôt d'eux-mêmes aux marchés de Rome, mais libres, mais armés, pour venger leurs aïeux.

Longtemps avant cette dissolution matérielle et définitive de l'empire, une puissante dissolution morale le travaillait au dedans. La

Grèce et l'Orient, que Rome avait cru asservir, l'avaient elle-même envahie et soumise. Dès les guerres de Philippe et d'Antiochus, les dieux élégants d'Athènes s'étaient, sous les noms des vieilles divinités latines, insinués dans les temples de Rome, et avaient occupé les autels des dieux vainqueurs. Le Romain barbare se mit à étudier la Grèce. Il en adopta la langue, en imita la littérature, relut le Phédon à Utique, mourut à Philippes en citant Euripide, ou s'écria en grec sous le poignard de Brutus. L'expression littéraire de cette Rome hellénisée est le siècle d'Auguste ; son fruit fut Marc-Aurèle, l'idéal de la morale antique.

Derrière la Grèce, s'avançait à cette conquête intellectuelle de Rome, le monde oriental qui s'était fondu avec la Grèce dans Alexandrie. La translation de l'empire dans l'Orient, qui réussit à Constantin, avait été, de bonne heure, tentée par Antoine. Il voulut faire d'une ville orientale la capitale du monde. Cléopâtre jurait : Par les lois que je dicterai dans le Capitole. Il fallut, pour que l'Orient accomplît cette parole, qu'il eût auparavant conquis l'Occident par la puissance des idées. Alexandrie fut du moins le centre de ce monde ennemi de Ro e, le foyer où fermentèrent toutes les croynces, toutes les philosophies de l'Asie et de l'Europe, la Rome du monde intellectuel.

Ces croyances, ces religions n'entrèrent pas sans peine dans Rome. Elle avait repoussé avec horreur dans les bacchanales la première apparition du culte orgiastique de la nature. Et voilà qu'un moment après, les prêtres fardés de Cybèle amènent le lion de la bonne déesse, étonnant le peuple de leurs danses frénétiques, de leurs grossiers prestiges, se tailladant les bras et les jambes, et se faisant un jeu de leurs blessures. Leur dieu, c'est l'équivoque Athis, dont ils fêtent par des rires et des pleurs la mort et la résurrection. Puis arrive le sombre Sérapis, autre dieu de la vie et de la mort. Et cependant sous le Capitole, sous le trône même de Jupiter, le sanguinaire Mithra creuse sa chapelle souterraine, et régénère l'homme avide d'expiation, dans le bain immonde du hideux taurobole. Enfin une secte sortie des Juifs, et rejetée d'eux, célèbre aussi la mort et la vie; son Dieu est mort du supplice des esclaves; Tacite ne sait que dire de l'association nouvelle. Il ne connaît les chrétiens que pour avoir illuminé de leurs corps en flamme les fêtes et les jardins de Néron.

La différence était cependant profonde entre le christianisme et les autres religions orientales de la vie et de la mort. Celles-ci plongeaient l'homme dans la matière, elles prenaient pour symbole le signe obscène de la vie et de la génération. Le christianisme embrassa l'esprit, embrassa la mort. Il en adopta le signe funèbre. La vie, la nature, la matière, la fatalité, furent immolées par lui. Le corps et la chair, divinisés jusque-là, furent marqués dans leurs temples même du signe de la consomption qui les travaille. On aperçut avec horreur le ver qui les rongeait sur l'autel. La liberté, affamée de douleur, courut à l'amphithéâtre, et savoura son supplice.

J'ai baisé de bon cœur la croix de bois qui s'élève au milieu du Colysée, vaincu par elle. De quelles étreintes la jeune foi chrétienne dut-elle la serrer, lorsqu'elle apparut dans cette enceinte entre les lions et les léopards! Aujourd'hui encore, quel que soit l'avenir, cette croix chaque jour plus solitaire, n'est-elle pas pourtant l'unique asile de l'âme religieuse? L'autel a perdu ses honneurs, l'humanité s'en éloigne peu à peu; mais, je vous en prie, oh! dites-le moi, si vous le savez, s'est-il élevé un autre autel?

Dans l'arène du Colysée se rencontrèrent le chrétien et le barbare, représentants de la liberté pour l'Orient et pour l'Occident. Nous sommes nés de leur union, et nous, et tout l'avenir.

« Je vois devant moi le gladiateur étendu.
« Sa tête sur sa main s'affaisse par degrés. Les
« dernières gouttes de son sang s'échappent
« lentement... Déjà l'arène tourne autour de
« lui... il entend encore les barbares acéla-

« mations... Il a entendu, mais ses yeux, son
« cœur, étaient bien loin. Il voyait sa hutte
« sauvage près du Danube, et ses enfants qui
« se jouaient, et leur mère... Lui égorgé pour
« le passe-temps de Rome!... Il faut qu'il
« meure, et sans vengeance!... Levez-vous,
« hommes du Nord!... » S'écroulent l'Empire,
et le cirque, et cette ville enivrée de sang!

Alaric assurait qu'une impulsion fatale l'entraînait contre Rome. Il la saccagea et mourut. Le premier ban des barbares, Goths, Bourguignons, Hérules, révérèrent la majesté mystérieuse de la ville qu'on ne violait pas impunément. Celui même qui se vantait que l'herbe ne poussait jamais où avait passé son cheval, tourna bride, et sortit de l'Italie. Les premiers barbares furent intimidés ou séduits par la cité qu'ils venaient détruire. Ils composèrent avec le génie romain, et maintinrent l'esclavage. A eux n'appartenait pas la restauration du monde.

Ensuite vinrent les Francs [1], enfants d'Odin,

[1] Les idées qui suivent sur le caractère des Francs, ont

furieux de pillage et de guerre, avides de blessures et de mort, comme les autres de fêtes et de banquets, impatients d'aller boire la bière au Wahalla, dans le crâne de leurs ennemis. Ceux-là marchaient presque nus au combat, se jetaient dans une barque pour tourner l'Océan, du Bosphore à la Batavie. Sous leur domination farouche et impitoyable, l'esclavage domestique ne laissa pas de disparaître; le servage lui succéda; le servage fut déjà une délivrance pour l'humanité opprimée.

Ces barbares apportaient une nature vierge à l'Eglise. Elle eut prise sur eux. Les Goths et Bourguignons, qui ne voyaient qu'un homme en Jésus, n'avaient reçu du christianisme ni sa poésie, ni sa forte unité. Le Franc adopta l'homme-Dieu, adopta Rome purifiée, et se fit appeler César. Le chaos tourbillonnant de la barbarie, qui, dès Attila, dès Théodoric, voulait se fixer et s'unir, trouva son centre en Charlemagne.

été légèrement modifiées par l'auteur dans d'autres ouvrages. Il a cru aussi devoir expliquer la théorie de la p. 40 *sur Satan.*

Cette unité, matérielle et mensongère encore, dura une vie d'homme, et, tombant en poudre, laissa sur l'Europe l'aristocratie épiscopale, l'aristocratie féodale, couronnées du pape et de l'empereur. Merveilleux système dans lequel s'organisèrent et se posèrent en face l'un de l'autre l'empire de Dieu et l'empire de l'homme. La force matérielle, la chair, l'hérédité, dans l'organisation féodale; dans l'Église, la parole, l'esprit, l'élection. La force partout, l'esprit au centre, l'esprit dominant la force. Les hommes de fer courbèrent devant le glaive invisible la roideur de leurs armures; le fils du serf put mettre le pied sur la tête de Frédéric Barberousse. Et non-seulement l'esprit domina la force, mais il l'entraîna. Ce monde de la force, subjugué par l'esprit, s'exprima par les croisades, guerre de l'Europe contre l'Asie, guerre de la liberté sainte contre la nature sensuelle et impie. Toutefois, il lui fallut pour but immédiat, un symbole matériel de cette opposition; ce fut la délivrance du tombeau de Jésus-Christ. Tous, hommes et femmes, jeunes et vieux, partirent sans armes, sans vivres, sans vaisseaux, bien sûrs que Dieu les nourrirait, les défendrait, les transporterait au delà des mers. Et les petits enfants aussi, dit un contemporain, suivaient dans des chariots, et à chaque ville dont ils apercevaient de loin les murs, ils demandaient dans leur simplicité : N'est-ce pas là Jérusalem?

Ainsi s'accomplit en mille ans ce long miracle du moyen âge, cette merveilleuse légende dont la trace s'efface chaque jour de la terre, et dont on douterait dans quelques siècles, si elle ne s'était fixée et comme cristallisée pour tous les âges dans les flèches, et les aiguilles, et les roses, et les arceaux sans nombre des cathédrales de Cologne et de Strasbourg, dans les cinq mille statues de marbre qui couronnent celle de Milan. En contemplant cette muette armée d'apôtres et de prophètes, de saints et de docteurs échelonnés de la terre au ciel, qui ne reconnaîtra la cité de Dieu, élevant jusqu'à lui la pensée de l'homme?... Chacune de ces aiguilles qui voudraient s'élancer, est une prière, un vœu impuissant arrêté dans son vol par la tyrannie de la matière. La flèche, qui jaillit au ciel d'un si prodigieux élan, proteste auprès du Très-Haut que la volonté du moins n'a pas manqué. Autour rugit le monde fatal du paganisme, grimaçant en mille figures équivoques de bêtes hideuses, tandis qu'au pied les guerriers barbares restent pétrifiés dans l'attitude où les a surpris l'enchantement de la parole chrétienne ; l'éternité ne leur suffira pas pour en revenir.

Le charme s'est pourtant rompu pour le genre humain. Le dernier mot du christianisme dans l'art, la cathédrale de Cologne est restée inachevée. Ces nefs immenses se sont trouvées trop étroites pour l'envahissement de la foule. Du peuple s'est levé d'abord un homme noir, un légiste, contre l'aube du prêtre, et il a opposé le droit au droit. Le marchand est sorti de son obscure boutique pour sonner la cloche des communes et barrer au chevalier sa rue tortueuse. Cet homme enfin (était-ce un homme?), qui vivait sur la glèbe à quatre pattes, s'est redressé avec un rire terrible, et, sous leurs vaines armures, a frappé d'un boulet niveleur le noble seigneur et son magnifique coursier.

La liberté a vaincu, la justice a vaincu. Le monde de la fatalité s'est écroulé. Le pouvoir spirituel lui-même avait abjuré son titre en invoquant le secours de la force matérielle. Le triomphe progressif du *moi*, le vieil œuvre de l'affranchissement de l'homme, commencé avec la profanation de l'arbre de la science, s'est continué. Le principe héroïque du monde, la liberté, longtemps maudite et confondue avec la fatalité sous le nom de *Satan*, a paru sous son vrai nom. L'homme a rompu peu à peu, avec le monde naturel de l'Asie, et s'est fait, par l'industrie, par l'examen, un monde qui relève de la liberté. Il s'est éloigné du dieu-nature de la fatalité, divinité exclusive et marâtre qui choisissait entre ses enfants, pour arriver au dieu pur, au dieu de l'âme, qui ne distingue point l'homme de l'homme, et leur ouvre à tous, dans la société, dans la religion, l'égalité de l'amour et du sein paternel.

———•●⊕●-●⊕●•———

Comment s'est accompli dans l'Europe le travail de l'affranchissement du genre humain ? Dans quelle proportion y ont contribué chacune de ces personnes politiques qu'on appelle des états, la France et l'Italie, l'Angleterre et l'Allemagne ?

Le monde, depuis les Grecs et les Romains, a perdu cette unité visible qui donne un caractère si simple et si dramatique à l'histoire de l'antiquité. L'Europe moderne est un organisme très-complexe, dont l'unité, dont l'âme et la vie, n'est pas dans telle ou telle partie prépondérante, mais dans leur rapport et leur agencement mutuel, dans leur profond engrènement, dans leur intime harmonie. Nous ne pouvons dire ce qu'a fait la France, ce qu'elle est et sera, sans interroger sur ces questions l'ensemble du monde européen. Elle ne s'explique que par ce qui l'entoure. Sa personnalité est saisissable pour celui-là seul qui connaît les autres états qui la caractérisent par leur opposition.

Le monde de la civilisation est gardé à ses deux portes, vers l'Afrique et l'Asie, par les Espagnols et les Slaves, voués à une éternelle croisade, chrétiens barbares opposés à la barbarie musulmane. Ce monde a pour ses deux pôles, au sud et au nord, l'Italie et la Scandinavie. Sur ces points extrêmes pèse lourdement la fatalité de race et de climat.

Au centre s'étend l'indécise Allemagne. Comme l'Oder, comme le Wahal, ces fleuves vagues qui la limitent si mal à l'orient et à l'occident, l'Allemagne aussi a cent fois changé ses rivages, et vers la Pologne et vers la France. Qu'on suive si l'on peut, dans la Prusse et la Silésie, dans la Suisse, la Lorraine et les Pays-Bas, les capricieuses sinuosités que décrit la langue germanique. Quant au peuple, nous le retrouvons partout. L'Allemagne a donné ses Suèves à la Suisse et à la Suède, à l'Espagne ses Goths, ses Lombards à la Lombardie, ses Anglo-Saxons à l'Angleterre, ses Francs à la France. Elle a nommé et renouvelé toutes les populations de l'Europe. Langue et peuple, l'élément fécond a partout coulé, pénétré.

Aujourd'hui même que le temps des grandes migrations est passé, l'Allemand sort volontiers de son pays; il y reçoit volontiers l'étranger. C'est le plus hospitalier des hommes. Entrez sous ce toit pointu, dans cette laide maison de bois bariolée; asseyez-vous hardiment près du feu, ne craignez rien, vous obligez votre hôte. Telle est la partialité des Allemands pour l'étranger. L'Autrichien, le Souabe, si maltraités par nos soldats, pleuraient souvent au départ du Français. Dans telle cabane enfumée, vous trouverez tous les journaux de la France. L'Allemand sympathise avec le monde; il aime, il adopte les modes, les idées des autres peuples, sauf à en médire.

Le caractère de cette race, qui devait se mêler à tant d'autres, c'est la facile abnégation de soi. Le vassal se donne au seigneur; l'étudiant, l'artisan, à leurs corporations. Dans ces associations, le but intéressé est en seconde ligne; l'essentiel, ce sont les réunions amicales, les services mutuels, et ces rites, ces symboles, ces initiations qui constituent pour les associés une religion de leur choix. La table commune est un autel où l'Allemand immole l'égoïsme; l'homme y livre son cœur à l'homme, sa dignité et sa raison à la sensualité. Risibles et touchants mystères de la vieille Allemagne, baptême de la bière, symbolisme sacré des forgerons et des maçons, graves initiations des tonneliers, des charpentiers; il reste bien peu de tout cela, mais, dans ce qui subsiste, on retrouve cet esprit sympathique et désintéressé.

Rien d'étonnant si c'est en Allemagne que nous voyons pour la première fois l'homme se faire l'*homme* d'un autre, mettre ses mains dans les siennes et jurer de mourir pour lui. Ce dévouement sans intérêt, sans condition, dont se rient les peuples du Midi, a pourtant fait la grandeur de la race germanique. C'est par là que les vieilles bandes des conquérants de l'Empire, groupées chacune autour d'un chef, ont fondé les monarchies modernes. Ils lui donnaient leur vie, à ce chef de leur choix; ils lui donnaient leur gloire même. Dans les vieux chants germaniques tous les exploits de la nation sont rapportés à quelques héros. Le chef concentre en soi l'honneur du peuple, dont il devient le type colossal. La force, la beauté, la grandeur, tous les nobles faits d'armes s'accumulent en Siegfrid, en Dietrich, en Frédéric Barberousse, en Rodolphe de Hapsbourg. Leurs fidèles compagnons ne se sont rien réservé.

Au-dessus du seigneur, au-dessus des comtes et des ducs, et des électeurs, et de l'Empereur, au sommet de toute hiérarchie, l'Allemagne a placé la femme (**Frau**). *Velleda*, dit Tacite, *fut adorée vivante*. Un vieux minnesinger place la femme sur *un trône avec douze étoiles pour couronne, et la tête de l'homme pour marchepied*. Si la poésie est une affaire de cœur, c'est ici. Les minnelieder sont pleins de larmes enfantines, de cette douleur abandonnée qui se trouble elle-même, et ne peut plus s'exprimer. Vous ne rencontrerez là ni *jongleurs*, ni *gai savoir*, pas davantage la frivole dialectique des *cours d'amour*. L'objet de ces chants, c'est la femme idéale, c'est la Vierge, qui leur fait oublier Dieu et les saints. C'est encore la verdure et les fleurs ; ils ne tarissent pas sur ce dernier sujet. Cette poésie puérile et profonde tout ensemble se laisse aller à l'attraction magnétique de la nature, qu'elle finira par diviniser. Mélange admirable de force et d'enfance, le génie allemand m'apparaît dans ce Parceval d'Eschenbach, ce puissant chevalier que les soins d'une mère timide ont retenu dans l'innocence et la touchante imbécillité du jeune âge. Il échappe et se rend à la ville des miracles à travers les forêts et les déserts. Mais un oiseau blessé laisse tomber sur la neige trois gouttes de sang ; le héros revoit dans ces couleurs la blancheur et l'incarnat de sa bien-aimée. Il s'arrête, il rêve immobile. Il contemple dans la réalité présente l'idéal qui remplit sa pensée. Malheur à qui veut finir le songe ; il renverse sans bouger de place les chevaliers qui viennent tour à tour pour l'en arracher.

Ainsi éclate d'abord dans le dévouement féodal, dans l'amour et la poésie, l'abnégation et le profond désintéressement du génie allemand. Trompé par le fini, il s'adresse à l'infini ; s'il s'est immolé à son seigneur, à sa dame, que refusera-t-il à son Dieu ? Rien, pas même sa moralité, sa liberté. Il jettera tout dans cet abîme, il confondra l'homme dans l'univers, l'univers en Dieu. Préparé par le mysticisme protestant, il adoptera sans peine le panthéisme de Schelling, et l'adultère de la matière et de l'esprit sera de nouveau consommé. Où sommes-nous, grand Dieu ? nous voilà replongés dans l'Inde ; aurions-nous fait en vain ce long voyage ? A ce terme se manifeste avec ses conséquences immorales, la sympathie universelle, ou l'universelle indifférence du génie germanique. Viennent toute religion, toute philosophie, toute histoire, l'auteur du Faust, le Faust contemporain les réfléchira, les absorbera dans l'océan de sa poésie.

Oui, l'Allemagne, c'est l'Inde en Europe, vaste, vague, flottante et féconde, comme son Dieu, le Protée du panthéisme. Tant qu'elle n'a pas été serrée et encadrée par les fortes barrières des monarchies qui l'environnent, la tribu indo-germanique a débordé, découlé par l'Europe, et l'a changée en se changeant. Livrée alors à sa mobilité naturelle, elle ne connaissait ni murs, ni ville. « Chaque famille, dit Tacite, s'arrête où la retient son caprice, un bois, un pré, une fontaine. » Mais, à mesure que, derrière, s'accumulaient les flots d'une autre barbarie, Slaves, Avares et Hongrois, tandis qu'à l'occident la France se fermait, il fallut se serrer pour ne pas perdre terre, il fallut bâtir des forts, *inventer* les villes. Il fallut se donner à des ducs, à des comtes, se grouper en cercles, en provinces. Jetée au centre de l'Europe pour champ de bataille à toutes les guerres, l'Allemagne s'attacha, bon gré, mal gré, à l'organisation féodale, et resta barbare pour ne pas périr. C'est ce qui explique ce merveilleux spectacle d'une race toujours jeune et vierge, qu'on aperçoit engagée comme par enchantement dans une civilisation transparente, comme un liquide vivement saisi reste fluide au centre du cristal imparfait. De là, ces bizarres contrastes, qui font de l'Allemagne un pays monstrueusement diversifié. Des états de vingt millions d'hommes, d'autres de vingt mille. Le morcellement infini, le droit infiniment varié des seigneuries féodales; et à côté une grande monarchie disciplinée comme un régiment. Des villes d'hier, toutes blanches, nivelées, alignées, tirées à angles droits, ennuyeuses et maussades petites Londres. D'autres, comme la bonne Nuremberg, où les maisons, grotesquement peintes, prêchent toujours aux passants les paroles du saint Evangile; ou bien, pour unir tous les contrastes, de savantes bibliothèques au milieu des forêts, et les cerfs venant boire sous le balcon des électeurs. Ces oppositions extérieures ne font qu'exprimer celles des mœurs. L'esclavage de la glèbe, les communes du moyen âge, tout se trouve dans ce curieux musée, où chaque pas dans l'espace vous fait voyager dans le temps. Dans plusieurs provinces, la femme y est servante, comme elle l'était du guerrier barbare, ce qui ne l'empêche pas d'être déifiée par le génie idéal de la chevalerie.

De toutes ces contradictions, la plus forte est celle qui maintient, sous le joug du moyen âge, un peuple curieux d'innovations et enthousiaste de l'étranger. Avec si peu de ténacité, une telle perpétuité d'usages et de mœurs! Certes, ce qui manque à l'Allemagne, ce n'est point la volonté du changement, de l'indépendance. Que de fois elle s'est soulevée, mais c'était pour retomber bientôt. Le vieux génie saxon, éternelle opposition politique de l'Allemagne, la fierté farouche des tribus scandinaves, tout le Nord proteste contre la tendance panthéistique des provinces méridionales; il refuse de perdre sa personnalité en un homme, en Dieu ou dans la nature. Cette prétention du Nord se déploie avec une magnifique ostentation. En Islande, les dieux mourront comme nous. L'homme les a précédés; l'univers s'est taillé des membres d'un géant. *A qui crois-tu?* disait Saint-Olaf à un de ses guerriers. *Je crois à moi*, répondit-il. D'où vient donc que ce génie superbe retombe toujours si vite, en religion au mysticisme, au despotisme en politique. La Suède, le champion de la liberté protestante sous Gustave-Adolphe, s'est soumise aux Roses-Croix. Qui parla plus haut que Luther contre la tyrannie de Rome? mais ce fut pour anéantir la doctrine du libre arbitre. Du vivant de Luther, à sa table même, commença le mysticisme qui devait triompher en Bœhme. Kant mit sur son étendard les mots : *Critique et liberté;* l'Allemagne entendit être enfin libre et forte, et pour mieux s'assurer de soi, elle se serra dans les entraves d'un effrayant formalisme ; mais cette nature glissante échappait toujours, par l'art et par le sentiment, par Gœthe et par Jacobi. Alors vint Fichte, inflexible stoïcien, ardent patriote. Il prit pour affranchir l'homme le seul moyen qui restait : il supprima le monde, comme il eût voulu délivrer l'Allemagne en supprimant la France. Vaines espérances des hommes ! La philosophie de Fichte, les chants de Kœrner, et 1814, aboutirent au sommeil, sommeil inquiet, sans doute. L'Allemagne se laissa rendormir au panthéisme de Schelling, et si le Nord en sortit par Hegel, ce fut pour violer l'asile sacré de la liberté humaine, pour pétrifier l'histoire. Le monde social devint un dieu entre leurs mains, mais un dieu immobile, insensible, tout propre à consoler, à prolonger la léthargie nationale.

Non, la grande, la savante, la puissante Allemagne n'a pas le droit de mépriser la pauvre Italie qu'elle écrase. Au moins, celle-ci peut alléguer la langueur du climat, les forces disproportionnées des conquérants, la longue désorganisation. Donnez-lui le temps à cette ancienne maîtresse du monde, à cette vieille rivale de la Germanie. Ce qui a fait l'humiliation de l'Italie comme peuple, ce qui l'a soumise à la molle et disciplinable Allemagne, c'est précisément l'indomptable personnalité, l'originalité indisciplinable qui, chez elle, isole les individus.

Cet instinct d'abnégation que nous avons trouvé en Allemagne, est étranger à l'Italie. En cela, comme en tout, l'opposition des deux peuples est tranchée. L'Italien n'a garde de s'abdiquer lui-même, et de se perdre avec Dieu et le monde dans un même idéalisme. Il fait descendre Dieu à lui, il le matérialise, le forme à son plaisir, y cherche un objet d'art. Il fait de la religion, et souvent de bonne foi, un objet de gouvernement. Elle lui apparaît dans tous les siècles sous un point de vue d'utilité pratique. La divination des Étrusques était un art de surprendre aux dieux la connaissance des intérêts de la terre, une partie de la politique et de la jurisprudence. Les prières et les formules augurales sont de véritables contrats avec les dieux. L'augure cherche les termes les plus précis, ne promet rien de trop, ne s'engage pas, prend ses précautions contre l'autre partie. Il ne craint pas de fatiguer les dieux d'interrogations et de stipulations nouvelles. Pour trouver les plus beaux raisins, pour rattraper un oiseau perdu, on prenait le *lituus*, et l'on traçait les lignes sacrées.

Le droit canonique, comme le droit augural, s'appliquait au gouvernement de ce monde. On sait avec quel art l'église de Rome atteignit et régla toutes les actions des hommes, comme matière du péché. La théologie fut enfermée, bon gré, mal gré, dans la jurisprudence; les papes furent des légistes. Nous savons ici les choses de Dieu, leur écrivait un roi de France, mieux que vous autres gens de loi.

L'Italie est le seul peuple qui ait eu une architecture civile, aux époques diverses où les autres nations ne connaissaient que l'architecture religieuse. Le mot *pontifex* signifie constructeur de ponts. Les monuments étrusques, différents en cela de ceux de l'Orient, ont tous un but d'utilité pratique. Ce sont des murs de villes, des aqueducs, des tombeaux; on parle moins de leurs temples. L'Italie du moyen âge bâtit beaucoup d'églises, mais c'étaient les lieux où se tenaient les assemblées politiques. Tandis que l'Allemagne, l'Angleterre et la France, n'élevaient que des édifices religieux, l'Italie faisait des routes, des canaux. Aussi l'Allemagne devança l'Italie dans la construction de ses prodigieuses cathédrales. Jean Galeas Sforza fut obligé de demander des architectes à Strasbourg, pour fermer les voûtes de la cathédrale de Milan.

Si l'individualité italienne ne se donne pas à Dieu sans condition, combien moins à l'homme! Vous trouverez dans l'Italie du moyen âge, plus d'une image de la féodalité, les lourdes armures, les puissants coursiers, les forts châteaux, jamais ce qui constitue la féodalité elle-même, la foi de l'homme en l'homme. L'héroïsme italien est de nature plus haute. Que lui importe un homme périssable, une chair mortelle, et ce cœur qui bientôt ne battra plus; il sait mourir, quoiqu'il n'aille pas chercher la mort, mais mourir pour une idée. Je sais dans telle forteresse tel homme qui, au milieu des plus rudes épreuves, gardera jusqu'à la mort le secret de la liberté. Tout autre dévoûment est simplicité, enfance aux yeux des compatriotes de Machiavel. La recherche aventureuse des périls inutiles, la déification de la femme, la religion de la fidélité, la rêverie enthousiaste du monde féodal, tout cela excite en eux un rire inextinguible. Leur poëme chevaleresque est la satire de la chevalerie, l'*Orlando furioso*. Point d'association industrielle ni militaire, si ce n'est pour un but précis, pour un intérêt, pour une idée.

Le génie italien est un génie passionné, mais sévère, étranger aux vagues sympathies. Ce n'est point le monde naturel de la famille, de la tribu, c'est le monde artificiel de la cité. Circonscrit par la nature dans les vallées de l'Apennin, isolé par des fleuves peu navigables, il s'enferme encore dans des murs. Il y règne loin de la nature dans des palais de marbre, où il vit d'harmonie, de rhythme et de nombre; s'il en sort, c'est pour se bâtir dans ses *villa* des jardins de pierre. Et d'abord, il se caractérise par l'harmonie de la vie civile, par la législation, par la jurisprudence. Après tant d'invasions barbares, l'indestructible droit romain reparaît à Bologne et par toute l'Italie. Les subtilités de Tribonien sont subtilisées par Accurse et Barthole. A côté des juristes, reviennent les mathématiciens. Cardan et Tartaglia continuent Architas et Pythagore. Leur géométrie abstraite est reçue dans la géométrie concrète de l'architecture, l'art de la cité matérielle, comme la législation est l'art de la cité morale. A Rome, à Florence, la figure humaine, dans les tableaux, reproduit la sévérité, quelquefois la sécheresse architecturale. Ce n'est guère qu'au nord, dans le coloris vénitien, dans la grâce lombarde, que la peinture consent à humaniser l'homme. Pour la nature, elle osera rarement se montrer dans les tableaux. Peu de paysages, peu de poésie descriptive en Italie.

La poésie s'y inspire du génie de la cité. Sans doute dans ce pays tout homme chante; le climat y délie toute langue. Mais le vrai poëte italien, c'est l'architecte de la cité invisible, dont les cercles symboliques sont la scène de la *Divina Commedia*. Dante est l'expression complète de l'idée italienne du rhythme, du nombre; il a mesuré, dessiné, chanté son enfer. C'est encore sous la forme harmonique de la cité, que l'histoire de l'humanité apparut au fondateur de la philosophie de l'histoire, le Dante de l'âge prosaïque de l'Italie, Giambatista Vico. Dans la dualité du *corso* et du *ricorso*, dans la triplicité des âges, dans la beauté géométrique de sa forme, la *Scienza nuova* me représente le génie rhythmique de l'Étrurie et de la Grèce pythagoricienne.

Lors même qu'il sort de la cité, l'Italien en transporte, en imprime partout l'image. On sait avec quel soin sévère la religion étrusque et la politique romaine mesuraient et orientaient les champs. Partout l'*agrimensor* et l'augure venaient, derrière les légions conquérantes, calquer la colonie nouvelle sur la forme sacrée de la métropole. Tandis que, chez les nations germaniques, l'homme s'attache à son champ, s'y enracine, et aime à tirer son nom de sa terre; l'Italien lui donne le sien; il n'y voit qu'un rapport de plus avec la cité, qu'une matière d'intérêt civil. Le juriste, le stratégiste, viendront reconnaître la terre pour en régler ou déplacer les limites, pour transférer ou maintenir la propriété selon les moyens divers de leur art.

La mère de la tactique comme de la jurisprudence, c'est l'Italie. La guerre est devenue une science entre les mains des *condottieri* italiens, les Alberic, les Sforza, les Malatesta de la Romagne, les Braccio, les Baglioni, les Piccinino de l'Ombrie. L'Italie fournit le Levant d'ingénieurs. Les fondateurs de l'architecture militaire sont des Italiens. Le premier capitaine de l'antiquité, César, appartient à l'Italie; le premier des temps modernes, fut un homme de race italienne adopté par la France. Quand nous ignorerions l'origine de Napoléon, le caractère à la fois poétique et pratique de son génie, la beauté sévère de son profil, ne feraient-ils pas reconnaître le compatriote de Machiavel et de Dante?

Il est temps d'en finir avec ces ridicules déclamations sur la mollesse du caractère italien. Voulez-vous juger la valeur italienne par la populace de Naples? Jugez donc la France par les *canuts* de Lyon. Laissons les gentlemen anglais et les poëtes allemands aller chercher à la table des Italiens de Rome et de Milan, des inspirations de mépris sublime et de colère généreuse. N'ont-ils pas aussi insulté la Grèce au tombeau, la veille de sa résurrection? Hommes légers et cruels, qui confondez sous le même opprobre les lazzaroni et les romagnols, les héros et les lâches, avez-vous donc oublié l'armée italienne de Bonaparte, et tant de faits d'armes des Piémontais? Et naguère encore, ceux que vous accusiez de ne pas savoir tirer l'épée pour leur pays, n'ont-ils pas su mourir pour vous [1]?

L'Italie a changé, dit-on, et l'on croit avec un mot avoir expliqué et justifié ses malheurs. Et moi, je soutiens qu'aucun peuple n'est resté plus semblable à lui-même. J'ai déjà marqué dans ce qui précède la perpétuité du génie italien, des temps anciens aux temps modernes. Il me serait trop facile de la suivre dans une foule de détails moins importants.

Le costume est presque le même, au moins

---

[1] Parmi les étrangers qui ont combattu pour la liberté de la France dans les journées de juillet 1830, on comptait un assez grand nombre d'Italiens ; on nous en signale seulement quelques-uns : « M. Giannone (l'auteur de l'*Exilé*) s'est toujours montré aux endroits les plus dangereux ; M. Bonnizzi a été blessé au bras gauche ; M. Libri a commencé la première journée avec un bâton ; dans la seconde, il a conquis un fusil sur un soldat ; et dans la troisième, il a complété son équipement en désarmant un officier supérieur ; M. Libri n'a pas quitté le premier rang de nos braves pendant soixante heures » (*Voy.* le journal *le Temps*, numéros du 30 juillet au 1er août. *Voy.* aussi *la Revue française*, novembre 1830.)

dans le peuple. Je vois partout le *venetus cucullus*, l'aiguille d'acier dans les cheveux des femmes, les colliers, les anneaux, comme à Pompéi ; jusqu'aux sandales et au *pileus*, que vous retrouverez vers Fondi.

La nourriture est analogue. Dans les villes, mêmes rues étroites. Les Thermopoles sous le nom de cafés. Le prandium à midi, et la sieste et la promenade du soir. En tout temps, même foule autour de l'improvisateur, qu'il s'appelle Stace, Dante, ou Sgricci. On rencontre dans les *filosofi* de Venise, les *litterati* en plein vent, les Ennianistes de l'antiquité. Seulement l'Arioste et le Tasse ont pris la place d'Ennius.

Dans les campagnes, même système de culture. La charrue est celle même que décrit Virgile. En Toscane, les bestiaux sont comme autrefois renfermés et nourris de feuillage, de peur qu'ils ne blessent les vignes et les oliviers. Ailleurs, ils poursuivent leur éternel voyage des montagnes aux plaines de Rome et de la Pouille, et de la plaine à la montagne.

Chaque province est restée fidèle à son génie. Naples est toujours grecque, quoi qu'aient fait les barbares. Le type sauvage des Brutiens s'est manifestement conservé à *San-Giovanni in fiore.* Les Napolitains sont toujours bruyants et grands parleurs. Naples est une ville d'avocats. Dès l'antiquité il y avait à Naples des combats de musique. Le génie philosophique de la grande Grèce n'a-t-il pas revécu dans Telesio, dans Campanella et dans l'infortuné Bruno?

Au midi, l'idéalisme, la spéculation et les Grecs; au nord, le sensualisme, l'action et les Celtes. Les charpentiers, les menuisiers, les colporteurs, les maçons, viennent de Novarre, de Como, de Bergame. Bergame, patrie d'Arlequin, est celle aussi du vieux comique Cécilius Statius.

Même perpétuité dans les contrées du centre, dans Rome et dans l'Étrurie. Le caractère cyclopéen n'est pas plus frappant dans les murs de Volterra que dans les édifices de Florence, dans les masses du palais Pitti. La roideur de l'art étrusque reparaît dans Giotto et jusque dans Michel-Ange. Mais je compte mieux montrer ailleurs l'identité de l'Étrurie dans tous les âges.

Lorsque le barbare Sylla eut dévasté l'Étrurie, il choisit une place dans la vallée de l'Arno, y fonda une ville, et la nomma d'après le nom mystérieux de Rome. Ce nom connu des seuls patriciens, et qu'il était défendu de prononcer, était *Flora*. Il appela la ville nouvelle *Florentia*. Florence a répondu à l'augure. Le poëte des antiquités de l'Italie primitive, l'Énéide, venait de la colonie étrusque de Mantoue, et c'est à un Toscan, à un Florentin qu'est dû le poëme des antiquités du moyen âge, la Divine Comédie. L'Italie est le pays des traditions et de la perpétuité historique. *Questa provincia*, dit Machiavel, avec sa force et sa gravité ordinaire, *pare nata a risuscitare le cose morte*.

Au centre de la péninsule, le peuple n'a pas changé davantage. Ceux-ci n'ont jamais été propres ni à l'art ni à la science. La plupart des écrivains illustres de Rome, Catulle, Virgile, Horace, Ovide, Lucain et Juvénal, Cicéceron, Tite-Live, Sénèque et les Pline, une foule d'autres moins illustres, lui sont venus d'autres contrées. De même au moyen âge. Son théologien, son artiste, sont deux étrangers, saint Thomas d'Aquin, Raphaël d'Urbin. A Rome toutefois vous trouverez la satire amère et mordante, le rire tragique. Lucile et Juvénal étaient Romains de naissance ; Salvator Rosa, et Monti l'ont été d'adoption.

La véritable vocation du Romain, c'était l'action politique. Ne pouvant plus agir, il rêve. Contemplez cette race monumentale dans les rues et sur les places publiques, vous serez frappé de sa fierté. Ce sont les bas-reliefs de la colonne Trajane, qui sont descendus et qui marchent. Pour rien au monde, le Romain ne fera œuvre servile. Il faut qu'il vienne des hommes des Abbruzzes pour recueillir les moissons ou réparer les routes, des Bergamasques, pour porter les fardeaux. Sa femme ne daignera recoudre les trous de son manteau ; il faut un juif pour le raccommoder. La seule exportation de Rome, c'est la terre même, les haillons et les antiquités.

Comme au temps où Juvénal nous montre le préteur et le tribun recueillant la *sportula* de porte en porte, le Romain d'aujourd'hui mendie noblement. Sa nourriture est toujours le porc. Les charcutiers et les bouchers sont presque les seules boutiques à Rome. Toujours sensuel et cruel, il se contente de combats de taureaux, faute de gladiateurs. Accusez-le de férocité si vous voulez ; mais de faiblesse, non : son couteau répondrait. Son couteau ne le quitte pas. Le coup de couteau est un geste naturel et fréquent à Rome. Il faut voir aussi avec quelle joie furieuse il place le feu sous la peau du cheval de course. Son cri de carnaval est un cri de sang et de nivellement : *Mort au seigneur abbé! mort à la belle princesse!* Il ne criait pas plus fort : Les chrétiens aux lions ! Et il faut dire ausssi qu'il y a dans l'air de cette ville quelque chose d'orageux, d'immoral et de frénétique. Au milieu des plus étourdissants contrastes, parmi les monuments de tous les âges, égyptiens, étrusques, grecs, romains, au rendez-vous de toutes les races du monde, vous entendez toutes les langues excepté l'italienne; plus d'étrangers que de Romains, et des rois dans la foule. La tête tourne, le vertige gagne; je ne m'étonne pas que tant d'empereurs, qui voyaient tout cela tourbillonner à leurs pieds, soient devenus fous.

Une ressemblance plus triste encore entre les temps anciens et les temps modernes, c'est la solitude des environs de Rome et en général des campagnes d'Italie. Quel que fût le génie agricole des anciens Latins, on voit que, dès le temps de la république, une partie de la contrée était laissée en prairies (*prata Mucia, Quintia*, etc.) Caton recommande le pâturage comme le meilleur emploi de la terre. Ce conseil fut suivi. Il dispensait les propriétaires de résider sur leurs terres, de faire travailler les pauvres; il leur suffisait de quelques esclaves. Il en advint à l'Italie comme à l'Angleterre au temps d'Henri VIII, où l'on disait que *les moutons avaient mangé les hommes*. La désolation s'étendit. César fut déjà chargé de dessécher les Marais-Pontins. Strabon, Pline et Tacite se plaignent de la *mala aria*. Et Lucain put dire sans exagération : *Urbs nos una capit.*

Ce mot est la condamnation de l'Italie. Le désert de Rome, aussi isolée sur la terre que Venise au milieu des eaux, est le triste symbole des maux qu'a faits cette vie urbaine (*urbanitas*), dans laquelle s'est toujours complu le génie italien. L'Italie a vu deux fois se reproduire dans les villes étrusques de l'antiquité, dans les villes guelfes du moyen âge, le premier développement de l'industrie, et la domination des cités sur les campagnes. Deux fois aussi, contre l'industrie productrice, s'est élevée l'industrie destructrice, la guerre, qui a dévoré les campagnes, épuisé les villes ; la guerre comme métier et calcul ; la guerre vivant d'elle-même, Rome dans l'antiquité, au moyen âge les *condottieri*.

La pauvre Italie a peu changé, et c'est là sa ruine. Elle a subi constamment la double fatalité de son climat et du système étroit de société dans laquelle elle est concentrée. Ce système a desséché et amaigri le cœur de l'Italie (*Italum robur*); je veux dire Rome et l'ancien Samnium. Dès le temps d'Honorius, la Campanie *heureuse* avait elle-même été abandonnée sans culture. Les Germains, ennemis des cités, semblaient devoir rendre l'importance aux campagnes qu'ils se partageaient. Il n'en fut pas ainsi. Les hommes du Nord fondirent comme neige sur cette terre ardente. Les cités italiennes absorbèrent les Goths en moins d'un siècle. Les Lombards, la race la plus énergique de l'Allemagne, n'y tinrent pas deux cents ans. A en juger par la physionomie du peuple et par la langue, l'influence des invasions germaniques fut tout extérieure. Les barbares ont cru souvent avoir soumis l'Italie; mais ils ont introduit peu de mots tudesques dans cet idiome indomptable. En vain le parti allemand ou gibelin, s'organisant sous la forme féodale, dressa ses châteaux sur les montagnes, et arma les campagnes contre les cités. Les châteaux furent détruits, les campagnes absorbées par les villes, les villes isolées par la dépopulation des campagnes, nivelées par le radicalisme de l'église romaine, du parti guelfe, et des tyrans; elles perdirent avec l'aristocratie gibeline tout esprit militaire, et la contrée se trouva livrée aux étrangers. Depuis ce temps, la tête de l'Italie, qui dans l'antiquité était au midi, dans la grande Grèce, a passé au nord, et se trouve aujourd'hui dans la Romagne, le Milanais et le Piémont, parties celtiques de l'Italie. C'est dire assez que l'Italie a peu d'espoir d'originalité, et que longtemps du moins elle regardera la France.

Ainsi dans l'Europe même, que semblait s'être réservée la liberté, la fatalité nous poursuit. Nous l'avons trouvée dans le monde de la tribu et dans celui de la cité, dans l'Allemagne et dans l'Italie. Là comme ici, la liberté morale est prévenue, opprimée par les influences locales de races et de climats. L'homme y porte également dans son aspect le signe de la fatalité. La contrée se réfléchit en lui; vous diriez un miroir. L'Allemagne est toute dans la figure de l'Allemand ; l'œil bleu-pâle comme un ciel douteux, le poil blond ou fauve comme la biche de l'Odenwald. Les années même ne suffisent pas toujours pour caractériser ses formes. Vous retrouvez souvent dans la forte jeunesse, jusque dans l'âge mûr, la molle et incertaine beauté de l'enfance. Ainsi l'homme se confond avec la nature qui l'environne. — L'Indien semble mieux s'en détacher. Son œil profond et sa vive pantomime promettent une personnalité forte; mais cet œil ardent flotte et rêve. Le regard est souvent mobile à faire peur ; ces cheveux noirs comme les vins du Midi, ce teint profondément bruni, accusent le fils de la vigne et du soleil, et le replongent dans la fatalité dont il avait paru affranchi.

Ces puissantes influences locales, identifiant l'homme à sa terre, l'attachant au moins de cœur et d'esprit à sa montagne, à sa vallée natale, le maintiennent dans un état d'isolement, de dispersion, d'hostilité mutuelle. La vieille opposition de *la Saxe et de l'Empire* subsiste obstinément à travers les âges. Chacune même des deux moitiés n'est pas homogène. Le Hessois hait le Franconien, le Franconien le Bavarois, celui-ci l'Autrichien. Le Grec de la Calabre, le Celte de Milan, ne sont pas plus éloignés l'un de l'autre que le fils de l'âpre Samnium et celui de la molle Étrurie. Cette diversité de provinces et de villes s'exprime par la dérision mutuelle, par la création d'un comique local, par l'opposition du bergamasque Arlequin et du Polichinelle napolitain, du saxon Eulenspiegel, et de l'autrichien Hanswurtz.

Dans de telles contrées, il y aura juxtà-position de races diverses, jamais fusion intime. Le croisement des races, le mélange des civilisations opposées, est pourtant l'auxiliaire le plus puissant de la liberté. Les fatalités diverses qu'elles apportent dans ce mélange, s'y annulent et s'y neutralisent l'une par l'autre. En Asie, surtout avant le mahométisme, les races isolées en tribus dans des contrées diverses, superposées en castes dans les mêmes contrées, représentent chacune des idées distinctes, ne communiquent guère et se tiennent à part. Races et idées, tout se combine et se complique en avançant vers l'Occident. Le mélange, imparfait dans l'Italie et l'Allemagne, inégal dans l'Espagne et dans l'Angleterre, est en France égal et parfait. Ce qu'il y a de moins simple, de moins naturel, de plus artificiel, c'est-à-dire de moins fatal, de plus humain et de plus libre dans le monde, c'est l'Europe; de plus européen, c'est ma patrie, c'est la France.

L'Allemagne n'a pas de centre, l'Italie n'en a plus. La France a un centre; une et identique depuis plusieurs siècles, elle doit être considérée comme une personne qui vit et se meut. Le signe et la garantie de l'organisme vivant, la puissance de l'assimilation, se trouve ici au plus haut degré : la France française a su attirer, absorber, identifier les Frances anglaise, allemande, espagnole, dont elle était environnée. Elle les a neutralisées l'une par l'autre, et converties toutes à sa substance. Elle a amorti la Bretagne par la Normandie, la Franche-

Comté par la Bourgogne ; par le Languedoc, la Guyenne et la Gascogne ; par le Dauphiné, la Provence. Elle a méridionalisé le Nord, septentrionalisé le Midi ; a porté au second le génie chevaleresque de la Normandie, de la Lorraine ; au premier la forme romaine de la municipalité toulousaine, et l'industrialisme grec de Marseille.

La France française, le centre de la monarchie, le bassin de la Seine et de la Loire, est un pays remarquablement plat, pâle, indécis. Lorsque, des pics sublimes des Alpes, des vallées sévères du Jura, des coteaux vineux de la Bourgogne, vous tombez dans les campagnes uniformes de la Champagne et de l'Ile de France, au milieu de ces fleuves vagues et sales, de ces villes de craie et de bois, l'âme est saisie d'ennui et de dégoût. Vous voyez bien de grasses campagnes, de bonnes fermes et de bons bestiaux. Mais cette image prosaïque d'aisance et de bien-être ferait regretter la pauvre Suisse et jusqu'à la désolation de la campagne de Rome. Quant aux hommes, ne leur demandez ni les saillies de la Gascogne, ni la grâce provençale, ni l'âpreté conquérante et chicaneuse de la Normandie, encore moins la persistance de l'Auvergnat et l'opiniâtreté du Breton. Il en est, toute proportion gardée, de nos provinces éloignées comme de l'Italie et de l'Allemagne méridionale, comme de tous les pays divisés par des montagnes et d'âpres vallées ; l'homme plus isolé, dépourvu des puissants secours de la division du travail et de la communication des idées, est souvent plus ingénieux, plus original, mais aussi moins exercé à comparer, moins cultivé, moins humanisé, moins *social*. L'homme de la France centrale vaut moins comme individu ; mais la masse y vaut mieux. Son génie propre est précisément dans ce que les étrangers, les provinciaux même, appellent insignifiance et indifférence, et qu'on doit plutôt nommer une aptitude, une capacité, une réceptivité universelle. Le caractère du centre de la France est de ne présenter aucune des originalités provinciales, de participer à toutes et de rester neutre, d'emprunter à chacune tout ce qui n'exclut pas les autres, de former le lien, l'intermédiaire entre toutes, au point que chacune puisse à volonté reconnaître en lui sa parenté avec tout le reste. C'est là la supériorité de la France centrale sur les provinces, de la France entière sur l'Europe.

Cette fusion intime des races constitue l'identité de notre nation, sa personnalité. Examinons quel est le génie propre de cette unité multiple, de cette personne gigantesque composée de trente millions d'hommes.

Ce génie, c'est l'action, et voilà pourquoi le monde lui appartient. C'est un peuple d'*hommes de guerre*, et d'*hommes d'affaires*, ce qui, sous tant de rapports, est la même chose. La guerre des subtilités juridiques, que nous devions nous en vanter ou non, nous y primons, il faut le dire; le procureur est français de nation. Avant que les légistes entrassent aux affaires, la théologie, la scolastique y donnaient accès. Paris fut alors pour l'Europe la capitale de la dialectique. Son Université vraiment universelle se partageait en *nations*. Tout ce qu'il y avait d'illustre au monde venait s'exercer dans cette gymnastique. L'italien Dante, et l'espagnol Raymond Lulle, entouraient la chaire de Duns Scot. Des leçons d'un seul professeur sortirent deux papes et cinquante évêques. Là éclatait, autant qu'aux croisades ou aux guerres des Anglais, le génie batailleur de la nation. D'effroyables mêlées de syllogismes avaient lieu sur la limite des deux camps ennemis de l'île et de la montagne, du Parvis et de Sainte-Geneviève, de l'église et de la ville, de l'autorité et de la liberté. De là partaient en expédition les chevaliers errants de la dialectique, comme ce terrible Abailard qui démonta Guillaume de Champeaux, Anselme de Laon, et jeta le gant à l'Église en défiant saint Bernard.

Le goût de l'action et de la guerre, l'*épée rapide*, l'argument et le sophisme toujours prêts, sont les caractères communs aux peuples celtiques. La valeur et la dialectique hibernoise ne sont pas moins célèbres que celles de la France. Ce qui est particulier à celle-ci, ce qu'elle a par-dessus tous les peuples, c'est le génie social, avec ses trois caractères en apparence contradictoires, l'acceptation facile des idées étrangères, l'ardent prosélytisme qui lui fait répandre les siennes au-dehors, la puissance d'organisation qui résume et codifie les unes et les autres.

On sait que la France se fit italienne au seizième siècle, anglaise à la fin du dix-huitième. En revanche, au dix-septième, au nôtre, elle francisa les autres nations. Action, réaction; absorption, résorption, voilà le mouvement alternatif d'un véritable organisme. Mais de quelle nature est l'action de la France, c'est ce qui mérite d'être expliqué. L'amour des conquêtes est le prétexte de nos guerres, et nous-mêmes y sommes trompés. Toutefois le prosélytisme en est le plus ardent mobile. Le Français veut surtout imprimer sa personnalité aux vaincus, non comme sienne, mais comme type du bon et du beau; c'est sa croyance naïve. Il croit, lui, qu'il ne peut rien faire de plus profitable au monde que de lui donner ses idées, ses mœurs et ses modes. Il y convertira les autres peuples l'épée à la main, et après le combat, moitié fatuité, moitié sympathie, il leur exposera tout ce qu'ils gagnent à devenir Français. Ne riez pas; celui qui veut invariablement faire le monde à son image, finira par y parvenir. Les Anglais ne trouvent que simplicité dans ces guerres sans conquêtes, dans ces efforts sans résultat matériel. Ils ne voient pas que nous ne manquons le but mesquin de l'intérêt immédiat, que pour en atteindre un plus haut et plus grand. L'assimilation universelle à laquelle tend la France, n'est point celle qu'ont rêvée, dans leur politique égoïste et matérielle, l'Angleterre et Rome. C'est l'assimilation des intelligences, la conquête des volontés : qui jusqu'ici y a mieux réussi que nous? Chacune de nos armées en se retirant a laissé derrière elle une France. Notre langue règne en Europe, notre littérature a envahi l'Angleterre sous Charles II, l'Italie et l'Allemagne au dernier siècle; aujourd'hui, ce sont nos lois, notre liberté si forte et si pure, dont nous allons faire part au monde. Ainsi va la France dans son ardent prosélytisme, dans son instinct sympathique de fécondation intellectuelle.

La France importe, exporte avec ardeur de nouvelles idées, et fond en elle les unes et les autres avec une merveilleuse puissance. C'est le peuple législateur des temps modernes, comme Rome fut celui de l'antiquité. De même que Rome avait admis dans son sein les droits opposés des races étrangères, l'élément étrusque, et l'élément latin, la France a été, dans sa vieille législation, germanique jusqu'à la Loire, romaine au midi de ce fleuve. La révolution française a marié les deux éléments dans notre Code civil.

La France agit et raisonne, décrète et combat; elle remue le monde; elle fait l'histoire et la raconte. L'histoire est le compte-rendu de l'action. Nulle part ailleurs vous ne trouverez de mémoires, d'histoire individuelle, ni en Angleterre, ni en Allemagne, ni en

Italie. Ceci souffre peu d'exceptions. Dans l'Italie du moyen âge, la vie de l'homme était celle de la cité. La morgue anglaise est trop forte pour que la personnalité se soumette à rendre compte de soi. La nature modeste de l'Allemand ne lui permet pas d'attacher tant d'importance à ce qu'il a pu faire. Lisez les notes informes qu'a dictées Gœtz *à la main de fer;* comme il s'efface volontiers, comme il avoue ses mésaventures! L'Allemagne est plus faite pour l'épopée que pour l'histoire; elle garde la gloire pour ses vieux héros, et dédaigne volontiers le présent. Le présent est tout pour la France. Elle le saisit avec une singulière vivacité. Dès qu'un homme a fait, a vu quelque chose, vite il l'écrit. Souvent il l'exagère. Il faut voir dans les vieilles chroniques tout ce que font *nos gens*. Il y a déjà longtemps qu'on accuse les Français de *gaber*. Mais il est juste de dire que cet esprit d'exagération est souvent désintéressé. Il dérive du désir habituel de produire un effet; en d'autres termes, il est le résultat du génie oratoire et rhéteur, qui est un défaut et une puissance de notre caractère national.

Résignons-nous : la littérature de la France, c'est l'éloquence et la rhétorique, comme son art est la mode ; toutes deux également occupées à parer, à exagérer la personnalité. La rhétorique et l'éloquence, dont elle est tour à tour l'art et l'abus, parlent pour les autres, la poésie pour elle-même. L'éloquence ne peut naître que dans la société, dans la liberté. La nature pèse sur le poète. La poésie en est l'écho fatal, le son que rend l'humanité frappée par elle. L'éloquence est la voix libre de l'homme s'efforçant d'amener à la pensée commune la libre volonté de son ensemble. Aussi ce peuple est-il entre tous le peuple rhéteur et prosateur.

La France est le pays de la prose. Que sont tous les prosateurs du monde à côté de Bossuet, de Pascal, de Montesquieu et de Voltaire ? Or, qui dit la prose, dit la forme la moins figurée et la moins concrète, la plus abstraite, la plus pure, la plus transparente ;

autrement dit, la moins matérielle, la plus libre, la plus commune à tous les hommes, la plus *humaine*. La prose est la dernière forme de la pensée, ce qu'il y a de plus éloigné de la vague et inactive rêverie, ce qu'il y a de plus près de l'action. Le passage du symbolisme muet à la poésie, de la poésie à la prose, est un progrès vers l'égalité des lumières; c'est un nivellement intellectuel. Ainsi de la mystérieuse hiérarchie des castes orientales, sort l'aristocratie héroïque; de celle-ci la démocratie moderne. Le génie démocratique de notre nation n'apparaît nulle part mieux que dans son caractère éminemment prosaïque, et c'est encore par là qu'elle est destinée à élever tout le monde des intelligences à l'égalité.

Ce génie démocratique de la France n'est pas d'hier. Il apparaît confus et obscur, mais non pas moins réel, dès les premières origines de notre histoire. Longtemps il grandit, à l'abri et sous la forme même du pouvoir religieux. Avant les Romains, avant César, je vois le sacerdoce gaulois, rival des chefs des clans, surgir, non pas de la naissance et de la chair, mais de l'initiation, c'est-à-dire de l'esprit, de l'égalité. Les Druides sortis du peuple, s'allient au peuple des villes contre l'aristocratie. Après l'invasion des barbares, après l'organisation féodale, le Romain, le vaincu, c'est-à-dire le peuple, est représenté par le prêtre, élu du peuple, homme de l'esprit contre l'homme de la terre et de la force. Celui-ci, enraciné, localisé dans son fief, et, par là même, dispersé sur le territoire, tend à l'isolement, à la barbarie. Le prêtre, comme le serf, à la classe duquel il appartient souvent, regarde vers le pouvoir central et royal. Droit abstrait et divin du roi et du prêtre; droit concret et humain du seigneur engagé dans sa terre. L'étroite association des deux premiers, caractérise les rois les plus populaires de chacune des trois races : le bon Dagobert, Louis le Bon ou le Débonnaire, le bon Robert, enfin saint Louis. Le type du roi de France est un saint. Le prêtre et le roi favorisent également l'affranchissement des serfs; tout homme qui échappe à la servitude locale de la terre, leur appartient, appartient au pouvoir central, abstrait, spirituel. Prêtres et rois s'avisent enfin d'affranchir des villes entières, de créer les communes, et de chercher en elles une armée anti-féodale. Alors le peuple, qui jusque-là n'arrivait à la liberté que dans la personne du prêtre, apparaît pour la première fois sous sa forme propre.

Mais le prêtre et le monarque se repentirent bientôt d'avoir suscité la turbulente liberté des communes, qui tournait contre eux. Les rois arrêtèrent l'émigration rapide des laboureurs, qui fuyaient les campagnes pour se réfugier derrière les murs des villes. Ils ajournèrent ainsi la chute de la féodalité. Il fallait qu'elle pérît, mais par eux et pour eux d'abord, c'est-à-dire, au profit du pouvoir central. En même temps que tombent les priviléges locaux des communes vers le règne de Philippe le Bel, commencent les États-généraux. Le prêtre, sortant toujours du peuple, mais peu à peu séparé de lui par l'intérêt de corps, siége comme ministre auprès du roi, et pendant cinq siècles, de Suger à Fleury, règne alternativement avec le légiste.

Si le prêtre fût resté peuple, il eût régné seul et en son propre nom; la féodalité eût fait place à une démagogie sacerdotale. Si la liberté des villes eût prévalu, si les communes eussent subsisté, la France, couverte de républiques, ne fût jamais devenue une nation; il lui serait arrivé ce qu'a éprouvé l'Italie; les villes auraient absorbé les campagnes désertées par leurs habitants.

Grâce à la lente extinction de la féodalité, la France s'est trouvée forte dans les campagnes, comme l'Allemagne; forte dans les villes, comme l'Italie, vivante et féconde comme la tribu, une et harmonique comme la cité. Un pouvoir central, merveilleusement puissant, s'y est formé par l'alliance du droit abstrait du roi et du prêtre, comme le droit concret et local des seigneurs. Le nom du prêtre et du roi, représentants de ce qu'il y avait de plus général, c'est-à-dire de divin dans la pensée nationale, a prêté au droit obscur du peuple, comme une enveloppe mystique dans laquelle il a grandi et s'est fortifié. Et un matin, se trouvant grand et fort, il a rejeté les langes de son berceau. Le droit divin du roi et du prêtre n'existait qu'à condition d'exprimer la pensée divine, c'est-à-dire l'idée générale du peuple.

Sous la forme sacerdotale et monarchique qu'il a portée si longtemps, on pouvait entrevoir que ce peuple, organisé contre les nobles par les rois et les prêtres, n'en conservait pas moins un instinct indépendant des uns et des autres. Pour adversaire du chef de la féodalité, de l'Empereur, la France élève et soutient le pontife de Rome, jusqu'à ce qu'elle puisse l'amener à Avignon et confisquer le pontificat. C'était, au douzième siècle, un dicton en Provence : *J'aimerais mieux être prêtre que de faire telle chose.* Même esprit de liberté en politique sous les formes de la monarchie absolue. L'idéal historique et la jactance habituelle de la nation, fut d'être le *royaume des Francs.* De bonne heure, le roi de France est présenté comme un roi citoyen ;

lisez Comines et Machiavel. Ses parlements lui résistent ; lui-même ordonne qu'on lui *désobéisse sous peine de désobéissance ;* admirable contradiction. La monarchie y est l'arme nationale contre l'aristocratie, la route abrégée du nivellement. Tant que l'aristocratie est puissante, toute tentative contre la monarchie échouera ; Marcel pourra agiter les communes, la Jacquerie soulever les campagnes. Les libertés privilégiées doivent périr sous la force centralisante, qui doit tout broyer pour tout égaler.

Ce long nivellement de la France par l'action monarchique est ce qui sépare profondément notre patrie de l'Angleterre, à laquelle on s'obstine à la comparer. L'Angleterre explique la France, mais par opposition.

L'orgueil humain personnifié dans un peuple, c'est l'Angleterre. J'ai déjà marqué l'enthousiasme que l'homme du Nord s'inspire à lui-même, surtout dans cette vie effrénée de courses et d'aventures que menaient les vieux Scandinaves. Que sera-ce lorsque ces barbares seront transplantés dans cette île puissante, où ils s'engraisseront du suc de la terre et des tributs de l'Océan? Rois de la mer, du monde sans loi et sans limites, réunissant la dureté sauvage du pirate danois, la morgue féodale du lord, fils des Normands... Combien faudrait-il entasser de Tyrs et de Carthages pour monter jusqu'à l'insolence de la titanique Angleterre?

Ce monde de l'orgueil subit pour peine expiatoire ses propres contradictions. Composé de deux principes hostiles, l'industrie et la féodalité, l'égoïsme d'isolement et l'égoïsme d'assimilation, il s'accorde en un point, l'acquisition et la jouissance de la richesse. L'or lui a été donné comme le sable. Qu'il s'assouvisse et se soûle, s'il peut. Mais non, il veut jouir et savoir qu'il jouit; il se retranche dans l'étroite prudence du *confortable*. Et cependant, au milieu de ce monde matériel qu'il tient et qu'il savoure, la nausée vient bientôt. Alors tout est perdu; l'univers s'était concentré en l'homme, l'homme dans la jouissance du réel, et la réalité lui manque. Ce ne sont pas des pleurs, des cris efféminés qui s'élèvent, mais des blasphèmes, des rugissements contre le ciel. La liberté sans Dieu, l'héroïsme impie, en littérature l'*école satanique*, annoncée dès la Grèce dans le Prométhée d'Eschyle, renouvelée par le doute amer d'Hamlet, s'idéalise elle-même dans le Satan de Milton. Elle s'écrie avec lui : *Mal, sois mon bien !* Mais elle retombe avec Byron dans le désespoir : *Bottomless perdition.*

Cet inflexible orgueil de l'Angleterre y a mis un obstacle éternel à la fusion des races comme au rapprochement des conditions. Condensées à l'excès sur un étroit espace, elles ne s'y sont pas pour cela mêlées davantage. Et je ne parle pas de ce fatal *remora* de l'Irlande que l'Angleterre ne peut ni traîner, ni jeter à la mer. Mais dans son île même, le Gallois chante, avec le retour d'Arthur et de Bonaparte, l'humiliation prochaine de l'Angleterre. Y a-t-il si longtemps que les Highlanders combattirent encore les Anglais à Culloden ? L'Écosse suit sans l'aimer, mais parce qu'elle y trouve son compte, la dominatrice des mers. Enfin, même dans la vieille Angleterre, *the old England*, le fils robuste du Saxon, le fils élancé du Normand, n sont-ils pas toujours distincts? Si vous ne rencontrez plus le premier courant les bois avec l'arc de Robin-Hood, vous le trouverez brisant les machines ou sabré à Manchester par la *Yeomanry*.

Sans doute l'héroïsme anglais devait commencer la liberté moderne. En tout pays, c'est d'abord par l'aristocratie, par l'héroïsme, par l'ivresse du moi humain, que l'homme s'affranchit de l'autorité. Les aristocraties guerrières et iconoclastes de la Perse et de Rome apparaissent comme un véritable protestantisme après l'Inde et l'Étrurie. Ainsi commence en ce monde ce que le sacerdoce appelle l'esprit du mal, Satan, Ahriman, le principe critique et négatif, *celui qui dit toujours : Non*. Quand l'aristocratie guerrière a commencé par l'orgueil de la force la révolte du genre humain, l'œuvre se continue par l'orgueil du raisonnement individuel, par le génie dialectique. Celui-ci sort vite de l'aristocratie ; il descend dans la masse ; il appartient à tous. Mais nulle part il ne prend plus de force que dans les pays déjà nivelés par le sacerdoce et la monarchie.

Ainsi s'est révélé au bout de l'Occident ce mystère que le monde avait ignoré : l'héroïsme n'est pas encore la liberté. Le peuple héroïque de l'Europe est l'Angleterre, le peuple libre est la France. Dans l'Angleterre, dominés par l'élément germanique et féodal, triomphent le vieil héroïsme barbare, l'aristocratie, la liberté par privilége. La liberté sans l'égalité, la liberté injuste et impie n'est autre chose que l'insociabilité dans la société même. La France veut la liberté dans l'égalité [1], ce qui est précisément le génie social. La liberté de la France est juste et sainte. Elle mérite de commencer celle du monde, et de grouper pour la première fois tous les peuples dans une

---

[1] Est-il besoin de dire qu'il s'agit de l'égalité des droits, ou plutôt de l'égalité des moyens d'arriver aux lumières et à l'exercice des droits politiques qui doit y être attaché ?

unité véritable d'intelligence et de volonté.

L'égalité dans la liberté, cet idéal dont nous devons approcher de plus en plus sans jamais y toucher, devait être atteinte de plus près par le plus mixte des peuples, par celui en qui les fatalités opposées de races et de climats se seraient le mieux neutralisées l'une par l'autre; par un peuple fait pour l'action, mais non pour la conquête; par un peuple qui voulût l'égalité pour lui et pour le genre humain. Il fallait que ce peuple eût en même temps le génie du morcellement et celui de la centralisation; la substitution des départements aux provinces explique ma pensée. La révolution française, matérialiste en apparence dans sa division départementale qui nomme les contrées par les fleuves, n'en efface pas moins les nationalités de provinces qui, jusque-là, perpétuaient les fatalités locales au nom de la liberté.

Il fallait que ce génie contradictoire en apparence du morcellement et de la centralisation se reproduisît dans notre langue, qu'elle fût éminemment propre à analyser, à résumer les idées. Cette double puissance constitue le génie aristotélique, qui met en poussière les agrégations naturelles et fatales, et tire de cette poussière des agrégations artificielles qui forment peu à peu le patrimoine de la raison humaine; patrimoine légitime que la liberté a gagné à la sueur de son front.

Toutefois, avouons-le, le peuple, le siècle où tombent en même temps l'aristocratie et le sacerdoce, où le vieil ordre de la fatalité s'enfonce et se dissipe dans une poussière tourbillonnante, certes, ce peuple et ce moment ne sont pas ceux de la beauté. Le plus mélangé des peuples, et à une époque où tout se mêle, n'est pas fait pour plaire au premier aspect.

La France n'est point une race comme l'Allemagne; c'est une nation. Son origine est le mélange, l'action est sa vie. Tout occupée du présent, du réel, son caractère est vulgaire, prosaïque. L'individu tire sa gloire de sa participation volontaire à l'ensemble; il peut dire, lui aussi : *Je m'appelle légion.* Chercherez-vous là la personnalité superbe de l'Anglais, ou le calme, la pureté, le chaste recueillement de l'Allemagne? Demandez donc aussi le gazon de mai à la route poudreuse où la foule a passé tout le jour.

Mélange, action, savoir-faire, tout cela ne se concilie guère, il faut le dire, avec l'idée d'innocence, de dignité individuelle. Ce génie libre et raisonneur dont la mission est la lutte, apparaît sous les formes peu gracieuses de la guerre, de l'industrie, de la critique, de la dialectique. Le rire moqueur, la plus terrible des négations, n'embellit pas les lèvres où il repose. Nous avons grand besoin de la physionomie pour ne pas être un peuple laid. Quoi de plus grimaçant que notre premier regard sur le monde du moyen âge. Le Gargantua de Rabelais fait frémir à côté de la noble ironie de Cervantès et du gracieux badinage de l'Arioste.

Je ne sais pourtant si aucun peuple mêlé à la vie, engagé dans l'action autant que la

France, aurait mieux gardé sa pureté. Voyez au contraire comme les races non mélangées boivent avidement la corruption. Le machiavélisme, plus rare en Allemagne, y atteint souvent un excès dont au moins le bon sens nous préserve. Nous avons, nous, le privilége d'entrer dans le vice sans nous y perdre, sans que le sens se déprave, sans que le courage s'énerve, sans être entièrement dégradés. C'est que dans le plaisir du mal, ce qui nous plaît le plus, c'est d'agir, c'est de nous prouver à nous-mêmes que nous sommes libres par l'abus de la liberté. Aussi rien n'est perdu; nous revenons par le bon sens à l'idée de l'ordre.

Notre vertu, à nous, ce n'est pas l'innocence, l'ignorance du mal, cette grâce de l'enfance, cette vertu sans moralité; c'est l'expérience, c'est la science, mère sérieuse de la liberté. Le bien sortant ainsi de l'expérience est fort et durable; il dérive non de l'aveugle sympathie, mais de l'idée d'ordre. Il sort de la sensibilité incertaine et mobile pour entrer dans le domaine immuable de la raison.

Il sera pardonné beaucoup à ce peuple pour son noble instinct social. Il s'intéresse à la liberté du monde; il s'inquiète des malheurs les plus lointains. L'humanité tout entière vibre en lui. Dans cette vive sympathie est toute sa gloire et sa beauté. Ne regardez pas l'individu à part; contemplez-le dans la masse et surtout dans l'action. Dans le bal ou la bataille, aucun ne s'électrise plus vivement du sentiment de la communauté, qui fait le vrai caractère d'homme. Les nobles faits, les paroles sublimes, lui viennent naturellement; des mots qu'il n'avait jamais sus, il les dit. Le génie divin de la société délie sa langue. C'est surtout dans le péril, lorsqu'un soleil de juillet illumine la fête, que le feu répond au feu, que jaillissent et rejaillissent la balle et la mort; alors la stupidité devient éloquente, la lâcheté brave; cette poussière vivante se détache, scintille, et devient merveilleusement belle. Une brûlante poésie sort de la masse et roule avec le glas du tocsin et l'écho des fusillades, du Panthéon au Louvre, et du Louvre au pont de la Grève. De la Grève ? Non. Au pont d'Arcole. Et puisse ce mot s'entendre en Italie !

Ce que la révolution de juillet offre de singulier, c'est de présenter le premier modèle d'une révolution sans héros, sans noms propres; point d'individu en qui la gloire ait pu se localiser. La société a tout fait. La révolution du quatorzième siècle s'expia et se résuma dans la Pucelle d'Orléans, pure et touchante victime qui représenta le peuple et mourut pour lui. Ici pas un nom propre; personne n'a préparé, n'a conduit; personne n'a éclipsé les autres. Après la victoire, on a cherché le héros; et l'on a trouvé tout un peuple.

Cette merveilleuse unité ne s'était pas encore présentée au monde. Il s'est rencontré cinquante mille hommes d'accord à mourir pour une idée. Mais ceux-là n'étaient que les braves, une foule d'autres combattaient de cœur ; la subite élévation du drapeau tricolore par toute la France a exprimé l'unanimité de plusieurs millions d'hommes. Cet élan si impétueux n'a pas été désordonné. On s'accorda sans s'être entendus. Par-dessus l'action et le tumulte s'éleva l'idée de l'ordre. Dans l'absence momentanée d'un gouvernement, d'un chef visible, apparut l'invisible souverain du monde, le droit et la loi. Au milieu d'un si grand trouble, pas un meurtre, pas un vol ne fut commis pendant les trois jours. Dans d'autres temps, on eût vu ici un miracle ; aujourd'hui nous n'y voyons que l'œuvre de la liberté humaine ; mais quoi de plus divin que l'ordre dans la liberté.

Ce moment unique qui me revient toujours en mémoire, soutient mon espérance et me donne foi aux destinées morales et religieuses de ma patrie. Au milieu de l'agitation universelle qui nous environne, je crois au repos de l'avenir. Car enfin ce peuple s'est uni un jour dans une pensée commune : l'idée divine de l'ordre a lui à ses yeux. Ce n'est pas en vain que l'on a une fois entrevu cet éclair céleste.

Ayons espoir et confiance, de quelque agitation que soit encore remplie la belle et terrible époque où notre vie s'est rencontrée. C'est la péripétie d'une tragédie où la victime est tout un monde. Époque de destruction, de dissolution, de décomposition, d'analyse et de critique. C'est en philosophie, par l'analyse logique, dans l'ordre social, par cette autre analyse de révolutions et de guerres, que l'homme passe d'un système à un autre ; qu'il dépouille une forme pour en revêtir une autre qui donne toujours plus à l'esprit ; mais ce n'est pas sans un cruel effort, sans un douloureux déchirement qu'il s'arrache à la fatalité au sein de laquelle il est resté si longtemps suspendu ; la séparation saigne aussi au cœur de l'homme. Cependant il faut bien qu'elle ait lieu, que l'enfant quitte sa mère ; qu'il marche de lui-même; qu'il aille en avant. Marche donc, enfant de la providence. Marche ; tu ne peux t'arrêter; Dieu le veut ! Dieu le veut! c'était le cri des croisades.

Ce dernier pas loin de l'ordre fatal et naturel, loin du Dieu de l'Orient, en est un vers le

Dieu social qui doit se révéler peu à peu dans notre liberté même. Mais, s'il est un moment où le premier disparaît et s'efface, où l'autre tarde à paraître, un moment où les hommes croient, comme Werner, voir sur l'autel le Christ en pleurs avouer lui-même qu'il n'y a point de Dieu, dans quelle agonie de désespoir tombera ce monde orphelin ? Demandez à l'infortuné Byron.

Comment du fond de cet abîme allons-nous remonter vers Dieu ?

L'humanité, nous l'avons dit, procède éternellement de la décomposition à la composition, de l'analyse à la synthèse. Dans l'analyse, tous les rapports disparaissent, tous les liens se brisent, l'unité sociale et divine devient insensible. Mais peu à peu les rapports reparaissent dans la science et dans la société, l'unité revient dans la cité, dans la nature. Ce monde, naguère en poudre, se reconstitue et refleurit d'une création nouvelle où l'homme reconnaît, plus belle et plus pure, l'image de l'ordre divin. Aujourd'hui la science en est à l'analyse, à la minutieuse observation des détails; c'est par là seulement que son œuvre peut commencer. La société achève un laid et sale ouvrage de démolition : elle déblaie le sol encombré des débris du monde fatal qui s'est écroulé. Ce travail nous paraît long sans doute. Voilà bientôt quarante ans qu'il a commencé. Hélas! c'est plus d'une vie d'homme. Mais c'est peu dans la vie d'une nation. Tranquillisons-nous donc, et prenons courage; l'ordre reviendra tôt ou tard, au moins sur nos tombeaux.

L'unité, et cette fois la libre unité, reparaissant dans le monde social; la science ayant, par l'observation des détails, acquis un fondement légitime pour élever son majestueux et harmonique édifice, l'humanité reconnaîtra l'accord du double monde, naturel et civil, dans l'intelligence bienveillante qui en a fait le lien. Mais c'est surtout par le sens social qu'elle reviendra à l'idée de l'ordre universel. L'ordre une fois senti dans la société limitée de la patrie, la même idée s'étendra à la société humaine, à la république du monde.

L'Athénien disait : Salut, cité de Cécrops ! Et toi, ne diras-tu pas : Salut, cité de la Providence !

Le christianisme a constitué l'homme moral; il a posé dans l'égalité devant Dieu un principe qui devait plus tard trouver dans le monde civil une application féconde. Cependant les circonstances qui entourèrent son berceau, l'ont rendu moins favorable à l'action commune, à la vie sociale, qu'à la contemplation inactive et solitaire. Lorsqu'il parut, Dieu était encore captif dans le matérialisme et la sensualité payenne; l'homme était emprisonné dans l'étroite enceinte de la cité antique. Le christianisme délivra l'homme en brisant la cité, affranchit Dieu en brisant les idoles. A ce moment unique, l'homme, entrevoyant pour la première fois sa patrie divine, languit pour elle d'un incurable amour, croisa les bras et les yeux vers le ciel, attendit le moment de s'y élancer. *Quand sera-ce, grand Dieu ?...* Ouvrier impatient et paresseux, qui vous asseyez et réclamez votre salaire avant le soir, vous demandez le ciel, mais qu'avez-vous fait de la terre que Dieu vous a confiée? Suffit-il pour dompter la matière de briser des images, de jeûner, de fuir au désert? Vous devez lutter et non fuir, la regarder en face cette nature ennemie, la connaître, la subjuguer par l'art, en user pour la mépriser. Vous avez dissous la cité antique, la cité étroite et envieuse qui repoussait l'humanité, et, des ruines de cette Babel, vous vous êtes dispersés par le monde. Vous voilà divisés en royaumes, en monarchies, parlant vingt langues diverses. Que devient la cité universelle et divine, dont la charité chrétienne vous avait donné le pressentiment, et que vous aviez promis de réaliser ici-bas?

Si le sens social doit nous ramener à la religion, l'organe de cette révélation nouvelle, l'interprète entre Dieu et l'homme, doit être le peuple social entre tous. Le monde moral eut son Verbe dans le christianisme, fils de la Judée et de la Grèce; la France expliquera le Verbe du monde social que nous voyons commencer.

C'est aux points de contact des races, dans la collision de leurs fatalités opposées, dans la soudaine explosion de l'intelligence et de la liberté, que jaillit de l'humanité cet éclair céleste qu'on appelle le Verbe, la parole, la révélation. Ainsi, quand la Judée eut entrevu l'Égypte, la Chaldée et la Phénicie, au point du plus parfait mélange des races orientales, l'éclair brilla sur le Sinaï, et il en resta la pure et sainte unité. Quand l'unité juive se fut fécondée du génie de la Perse et de l'Égypte grecque, l'unité s'épanouit, et elle embrassa le monde dans l'égalité de la charité divine. La Grèce μυθοτόκος, mère du mythe et de la parole, expliqua la bonne nouvelle; il ne fallut pas moins que la merveilleuse puissance analytique de la langue d'Aristote pour dire aux nations le verbe du muet Orient.

Au point du plus parfait mélange des races européennes, sous la forme de l'égalité dans la liberté, éclate le verbe social. Sa révélation est successive; sa beauté n'est ni dans un temps ni dans un lieu. Il n'a pu présenter la ravis-

sante harmonie par laquelle le verbe moral
éclata en naissant : le rapport de Dieu à l'individu était simple ; le rapport de l'humanité à
elle-même dans une société divine, cette translation du ciel sur la terre, est un problème
complexe, dont la longue solution doit remplir
la vie du monde ; sa beauté est dans sa progression, sa progression infinie.

C'est à la France qu'il appartient et de faire
éclater cette révélation nouvelle et de l'expliquer. Toute solution sociale ou intellectuelle
reste inféconde pour l'Europe, jusqu'à ce que
la France l'ait interprétée, traduite, popularisée. La réforme du saxon Luther, qui re-
plaçait le Nord dans son opposition naturelle
contre Rome, fut démocratisée par le génie
de Calvin. La réaction catholique du siècle de
Louis XIV fut proclamée devant le monde par
le dogmatisme superbe de Bossuet. Le sensualisme de Locke ne devint européen qu'en passant par Voltaire, par Montesquieu qui assujet-
tit le développement de la société à l'influence
des climats. La liberté morale réclama au nom

du sentiment par Rousseau, au nom de l'idée par Kant; mais l'influence du Français fut seule européenne.

Ainsi chaque pensée solitaire des nations est révélée par la France. Elle dit le Verbe de l'Europe, comme la Grèce a dit celui de l'Asie. Qui lui mérite cette mission ? C'est qu'en elle, plus vite qu'en aucun peuple, se développe, et pour la théorie et pour la pratique, le sentiment de la généralité sociale.

A mesure que ce sentiment vient à poindre chez les autres peuples, ils sympathisent avec le génie français, ils deviennent France; ils lui décernent, au moins par leur muette imitation, le pontificat de la civilisation nouvelle. Ce qu'il y a de plus jeune et de plus fécond dans le monde, ce n'est point l'Amérique, enfant sérieux qui imitera longtemps; c'est la vieille France, renouvelée par l'esprit. Tandis que la civilisation enferme le monde barbare dans les serres invincibles de l'Angleterre et de la Russie, la France brassera l'Europe dans toute sa profondeur. Son intime union sera, n'en doutons point, avec les peuples de langues latines, avec l'Italie et l'Espagne, ces deux îles qui ne peuvent s'entendre avec le monde moderne que par l'intermédiaire de la France. Alors nos provinces méridionales reprendront l'importance qu'elles ont perdue.

L'Espagne résistera longtemps. La profonde démagogie monacale qui la gouverne, la ferme à la démocratie modérée de la France. Ses moines sortent de la populace et la nourrissent. Si pourtant ce peuple, rassuré du côté de la France, reprend son génie d'aventure, c'est par lui que la civilisation occidentale atteindra l'Afrique, déjà si bien nivelée par le mahométisme.

L'Italie, celtique de race dans les provinces du Nord, l'Italie préparée à la démocratie par le génie anti-féodal de l'Église et du parti guelfe, appartient de cœur à la France, qui ne lui demande pas plus aujourd'hui. Ces deux contrées sont sœurs; même génie pratique : Salerne et Montpellier, Bourges et Bologne, n'avaient-elles pas un esprit commun? L'économie politique, née en France, a retenti en Italie. Il y a un double écho dans les Alpes. La fraternité des deux contrées fortifiera le sens social de l'Italie, et suppléera à ce qu'elle laissera toujours à désirer pour l'unité matérielle et politique. Chef de cette grande famille, la France rendra au génie latin quelque chose de la prépondérance matérielle qu'il eut dans l'antiquité, de la suprématie spirituelle qu'il obtint au moyen âge. Dans les derniers temps, le traité de famille qui unissait la France, l'Italie et l'Espagne, dans une alliance fraternelle, était une vaine image de cette future union qui doit les rapprocher dans une communauté de volontés et de pensées. Mais la vraie figure de cette union future de l'Italie et de la France, c'est Bonaparte. Ainsi Charlemagne figura matériellement l'unité spirituelle du monde féodal et pontifical qui se préparait. Les grandes révolutions ont d'avance leurs symboles prophétiques.

Quiconque veut connaître les destinées du genre humain doit approfondir le génie de l'Italie et de la France. Rome a été le nœud du drame immense dont la France dirige la péripétie. C'est en nous plaçant au sommet du Capitole, que nous embrasserons, du double regard de Janus, et le monde ancien qui s'y termine, et le monde moderne, que notre patrie conduit désormais dans la route mystérieuse de l'avenir.

NOTES

ET

ÉCLAIRCISSEMENTS.

NOTES

ET

ÉCLAIRCISSEMENTS.

—••◦◦◦◦•◦•—

Introduction... et non pas *esquisse*. — Une esquisse doit représenter tous les grands traits de l'objet. Une introduction promet seulement une méthode, un fil pour guider celui qui veut faire une étude de cet objet ; elle peut négliger beaucoup de choses qui devraient trouver place même dans une simple esquisse.

Page 9. — *Entre l'esprit et la matière..... interminable lutte*. — Je félicite de tout mon cœur les nouveaux apôtres qui nous annoncent la bonne nouveille d'une pacification prochaine. Mais j'ai peur que le traité n'aboutisse simplement à matérialiser l'esprit. Le panthéisme industriel qui croit commencer une religion, ignore deux choses; d'abord, qu'une religion tant soit peu viable part toujours d'un élan de la liberté morale, sauf à finir dans le panthéisme, qui est le tombeau des religions : en second lieu, que le dernier peuple du monde chez lequel la personnalité humaine consentira à s'absorber dans le panthéisme, c'est la France. Le panthéisme est chez soi en Allemagne, mais ici.......

PAGE 9.—*De la liberté et de la fatalité.*—Je prends ce dernier mot au sens populaire, et je place sous cette dénomination générale tout ce qui fait obstacle à la liberté.—Comment coexistent-elles ? Demandez à la philosophie, qui, peut-être, sur ce point, devrait avouer plus nettement son impuissance.

PAGE 9.— *Dans la philosophie et dans l'histoire.* Ce reproche ne peut être adressé à M. Guizot. Il a respecté la liberté morale, plus qu'aucun historien de notre époque; il n'asservit l'histoire ni au fatalisme de races, ni au fatalisme d'idées ; un esprit aussi étendu repousse naturellement toute solution exclusive. — Le grand ouvrage que nous promet M. Villemain (*Vie de Grégoire VII*), sera de même, nous en sommes sûrs d'avance, éloigné d'une doctrine qui tend à pétrifier l'histoire. Un grand écrivain est incapable de fausser et briser la vie pour la faire entrer, bon gré, mal gré, dans des formules.

PAGE 11. — Selon M. Ampère, ces *courants magnétiques* expliquent la chaleur de la superficie du globe mieux qu'aucune autre hypothèse ; ils sont dirigés en général de l'est à l'ouest.

PAGE 12. — *Puissants aromates.* — Voyez dans Chardin (t. IV, p. 43, édit. de Langlès, 1811), avec quelle prodigalité on use des parfums aux Indes ; aux noces d'une princesse de Golconde, en 1679, on en versait deux ou trois bouteilles sur chacun des conviés.

PAGE 12. — *Multiplié à l'excès.* — Laknot, ancienne capitale du Bengale, contenait, en 1538, douze cent mille familles ; d'après l'Ayen-Acbery.

PAGE 13. — *Un troupeau d'éléphants sauvages vient en fureur.* — Voir le drame de Sakontala.

PAGE 14. — *Mille sources vives.* — Un visir du

Korazan (Bactriane) trouva, dans les registres de la province, qu'il y avait eu autrefois quarante-deux mille kerises ou canaux souterrains. — *Chaleur féconde et homicide... J'ai vu dans un songe du matin l'ange de la mort qui fuyait sans chaussure et des pieds et des mains, loin de la ville de Raga. Je lui dis : Et toi aussi, tu fuis !* Voir, pour cette citation d'un poëte persan, et pour tous les détails qui suivent, Chardin, t. II, p. 413 ; t. III, p. 405 ; t. IV. p. 57, 58, 125, 127. — Voir aussi le magnifique ouvrage de Porter (Ker Porter's travels, 1818, 2 vol. in-4°), le seul qui mérite de faire autorité sous le rapport de l'art.

PAGE 15. — *En se tuant sous ses yeux.* — Asiatic Researches, III, 344; v. 268.

PAGE 15. — *Dans la fatalité même.* — Das Heldenbuch von Iran aus dem Schah Nameh des Firdussi von J. Gœrres (1820). Einleitung.

PAGE 16. — *Le don du Nil.* — Hérod. II, 5. Ὅτι Αἴγυπτος... ἔστι Αἰγυπτίοισι ἐπίκτητός τε γῆ καὶ δῶρον τοῦ ποταμοῦ.

PAGE 16. — *Le grand Albuquerque.....* — Commentarios do grando Alfonso de Alboquerque, capitan general dà India, etc., 1576, in-fol., par le fils même d'Albuquerque. — Voir aussi l'Asia Portugueza de Barros, et ses continuateurs.

Page 18. — *Qui combat des deux mains..... qui n'hésite point à manger les pains de proposition.* — Juges, chap. III, v. 15. — Rois, liv. I, chap. XXI.

Pages 23. — *Réclamant pour l'homme auprès du père des Dieux.....*

Ζεῦ πάτηρ, ἠδ' ἄλλοι μάκαρες θεοί αἰὲν ἐόντες,
Μήτις ἔτι πρόφρων ἀγανός καὶ ἤπιος ἔστω
Σκηπτοῦχος βασιλεὺς, μηδέ φρεσὶν αἴσιμα εἰδώς,
Ἀλλ' αἰεί χαλεπός τ' εἴη, καὶ αἴσυλα ῥέζοι.
Ὣς οὔτις μέμνηται Ὀδυσσῆος θείοιο
Λαῶν οἷσιν ἄνασσε, πατὴρ δ' ὣς ἤπιος ἦεν...
Odyss. E.

Page 26. — *Rome,* etc. — Le développement et les preuves de tout ceci se placent plus naturellement dans mon *Histoire Romaine.*

Page 28. — *Le monde sémitique résistait......* — Voyez dans le Ier vol. de l'*Histoire Romaine,* liv. II, chap. 2, le tableau de la longue lutte du monde sémitique et du monde indo-germanique.

Page 31. — *Relut le Phédon à Utique, mourut à Philippes en citant Euripide, ou s'écria en grec sous le poignard de Brutus.* — Voyez dans Plutarque les vies de Caton et de Brutus, et dans Suétone celle de César.

Page 32 — *Rome avait repoussé les Bacchanales.* — Cette invasion de Rome par les idées de la Grèce et de l'Orient fait un des principaux objets du troisième livre de mon Histoire Romaine (III° liv. *Dissolution de la Cité,* ch. 2).

Page 32. — *Le sombre Sérapis, autre dieu de la vie et de la mort.* — Adrien écrivait : « Ceux qui adorent Sérapis sont chrétiens, et ceux qui se disent évêques du Christ sont consacrés à Sérapis... Ils (ceux d'Alexandrie) n'ont qu'un dieu, auquel rendent hommage les chrétiens, les juifs et toutes les nations. » Lettre d'Adrien dans *Vopiscus. Saturnin.* chap. 8. — Voyez la dissertation de M. Guignaut, à la suite du t. v de la trad. de Tacite, par M. Burnouf.

Page 32. — *Sous le Capitole... Le sanguinaire Mi-*

thra.... — Le fameux bas-relief mithriaque de la villa Borghèse, qui se trouve aujourd'hui au Louvre, avait été consacré dans le souterrain qui conduisait à travers le Mont Capitolin du Champ-de-Mars au Forum. — *Du hideux taurobole...* Voyez le mémoire de M. Lajart, et la *Symbolique*, de Creuzer, notes de M. Guignaut.

PAGE 35. — *La liberté, affamée de douleur, courut à l'amphihtéâtre, et savoura son supplice.....* — Nous avons entre autres lettres de saint Ignace, évêque d'Antioche, celle qu'il écrivit aux chrétiens de Rome qui voulaient le délivrer et le priver ainsi de la couronne du martyre : « J'ai l'espoir de vous saluer bientôt sous les fers du Christ, pourvu que j'aie le bonheur de consommer ce que j'ai commencé si heureusement. Ce que je crains, c'est que votre charité ne me fasse tort. Je ne retrouverai jamais une occasion pareille d'arriver à Dieu ; si vous me favorisez de votre silence, je suis à lui..... Vous n'êtes point envieux ; vous enseignez les autres. Je ne veux qu'accomplir vos enseignements. Laissez-moi devenir la pâture des bêtes ; je suis le froment de Dieu ; que je puisse, broyé sous leurs dents, être trouvé le vrai pain de Dieu..... Oh ! puissé-je jouir des bêtes qu'on me prépare..... Je vous écris vivant, mais avide et amoureux de la mort. (ὀναίμην τῶν θηρίων τῶν ἐμοὶ ἡτοιμασμένων... ζῶν γὰρ γράφω ὑμῖν, ἐρῶν τοῦ ἀποθανεῖν.) » Cette lettre dont la critique a établi l'authenticité, n'est pas du nombre des lettres apocryphes du même père (*SS. Patrum qui temporibus apostolicis floruerunt, Barnabæ, Clementis, Hermæ, Ignatii, Polycarpi opera*. Recensuit J. Clericus, Amstelædami, 1724, in-fol. ; p. 25-30).

PAGE 34. — *Je vois devant moi le gladiateur expirant.....* — Childe-Harold. IV, 191-2.

I see before me the gladiator lie :
He leans upon his hand — his manly brow
Consents to death! but conquers agony,
And his droop'd head sinks gradually low —
And through his side the last drops, ebbing slow
From the red gash, fall heavy, one by one,
Like the first of a thunder-shower; and now
The arena swims around him — he is gone,
Ere ceased the inhuman shout which hail'd the wretch who won.

He heard it, but he heeded not — his eyes
Were with his heart, and that was far away
He reck'd not of the life he lost nor prize,
But where his rude hut by the Danube lay;

There were his young barbarians all at play,
There was their Dacianmother — he, their sire,
Butcher'd to make a Roman holiday —
All this rush'd with his blood — shall he expire,
And unavenged ? — Arise ! ye Goths, and glut your ire !

. . . . , ... , . . .
While stands the Coliseum, Rome shall stand ;
When falls the Coliseum, Rome shall fall ;
And when Rome falls — the world.......

Page 36. — *Du Bosphore à la Batavie.* — Sur l'établissement des Francs aux bords du Pont-Euxin, et leur retour dans le pays des Bataves, v. *Panegyr. vet.* v, 18, et Zozim. 1, p. 66.

Page 36. — *Sous leur domination farouche et impitoyable, l'esclavage.....* — Il est visible que les Francs n'accordèrent pas au propriétaire d'esclaves une protection aussi spéciale que les Bourguignons et les Visigoths. — Voyez dans le tome IV de la Collection des Historiens de France, *lex Burgundionum*, tit. XXXIX ; et *lex Visigothorum*, lib. III, tit. II, § 3, 4, 5 ; tit. III, § 9. — Lib. V, tit. IV, § 17, 18, 21 ; tit. VII, § 2, 3, 10, 11, 13, 14, 16, 17, 20, 21. — Lib. VI, tit. III, 6 ; tit. IV, 1, 9, 11 ; tit. V, 9, 20. — Lib. VII, tit. I,

§ 6; tit. II, § 21; tit. III, § 1, 2, 4. — Lib. IX, tit. 1.

Page 38. — *N'est-ce pas là Jésusalem ?*..... — Videres mirum quiddam; ipsos infantulos, dùm obviàm habent quælibet castella vel urbes, si hæc esset Jerusalem ad quam tenderent, rogitare. *Guibert*, lib. I.

Page 38. — *Les arceaux sans nombre des cathédrales...* — Vers l'an 1000, le monde du moyen âge, étonné d'avoir survécu à cette époque, pour laquelle on lui annonçait depuis si longtemps sa destruction (*adventante mundi vespero,* etc.), se mit à l'ouvrage avec une joie enfantine, et renouvela la plupart des édifices religieux. — C'était, dit un contemporain, comme si le monde, se secouant lui-même, et rejetant ses vieux lambeaux, eût revêtu la robe blanche des églises ; *erat enim instar ac si mundus ipse excutiendo semet, rejectâ vetustate passim candidam ecclesiarum vestem indueret.* Rad. Glaber, III, 4.

Page 38. — *Les cinq mille statues de marbre qui couronnent celle de Milan.* — Ce nombre étonnant m'a été garanti par le savant et exact écrivain auquel nous devons la description de cette cathédrale. Storia e descrizione del Duomo di Milano, esposte da Gaetano Franchetti. Milano, 1821. In-folio. — Voyez aussi l'ouvrage colossal de Boissérée sur la cathédrale de Cologne. Pour que rien ne manquât à la ressemblance, la description est restée inachevée comme le monument.

Page 59. — *Un homme noir, un légiste contre l'aube du prêtre.* C'est au milieu du treizième siècle que l'influence des hommes de loi éclate dans la législation jusque là toute féodale et ecclésiastique. Saint Louis et Frédéric II donnent presque en même temps leurs codes, où le droit romain se montre, pour la première fois, ouvertement en face du droit féodal. Dans les *Établissements,* les Pandectes sont citées pédantesquement, et souvent mal comprises. C'est à ces légistes qu'il faut vraisemblablement attribuer la conduite ferme du pieux Louis IX à l'égard de la cour de Rome. Cependant, j'avoue que ce cortége de procureurs me semble faire un peu ombre au poétique tableau du saint roi, rendant à ses sujets une justice patriarcale sous le chêne de Vincennes. Peu à peu ces légistes devinrent les maîtres ; ils régnèrent au quatorzième siècle. Ce fut l'un de ces *chevaliers en loi,* Guillaume de Nogaret, qui se chargea de porter à Boniface VIII le soufflet de Philippe-le-Bel. Toute la chrétienté en fut indignée. « Je vois, s'écrie Dante, entrer dans Anagni l'homme des fleurs de lis (*lo fiordaliso*), et Christ captif dans son vicaire. Je le vois de nouveau insulté et moqué, je le vois abreuvé de fiel et de vinaigre, et mis à mort entre des brigands. » *Purgat.* xx, 86. J'ai rapporté plus bas tout le morceau dans l'italien.

(ALLEMAGNE). Quelle que soit la sévérité du jugement que l'on va lire, le lecteur ne doit pas m'accuser de partialité contre la bonne et la savante Allemagne, aux travaux de laquelle j'ai tant d'obligation, et où j'ai des amis si chers. Personne ne rend plus que moi justice à la touchante bonté, à la pureté adorable des mœurs de l'Allemagne, à l'omniscience de ses érudits, au vaste et profond génie de ses philosophes. Sous la restauration, le public français commençait à se faire leur disciple docile, et recevait patiemment ce qu'on daignait lui révéler de ce mystérieux pays ; encore peu d'années, et peut-être la France était conquise par les idées de l'Allemagne du nord, comme l'Italie l'a été par les armes de l'Allemagne du midi. Cependant, quelle que soit sa supériorité scientifique, ce pays a-t-il aujourd'hui assez d'élan et d'originalité pour prétendre entraîner la France ? Le chef de la littérature a quatre-vingts ans ; tout ce qui lui reste de ses grands hommes, Schelling et Hegel, Gœrres et Creuzer, sont des hommes déjà mûrs, et ont donné leur fruit. Si vous exceptez deux hommes jeunes et pleins d'espérances, Gans et Otfried Muller, l'Allemagne ne présente guère qu'un grand atelier d'érudition et de critique, un immense laboratoire d'éditions, de recensions, d'animadversions, etc. C'est un peuple d'érudits supérieurement dressés et disciplinés ; l'avenir décidera de ce que vaut cette supériorité de discipline en guerre et en littérature.

Page 43. — *Le plus hospitalier des hommes.* — Au moyen âge, et dans la haute antiquité du Nord, l'hôte exige une condition du pèlerin, du chanteur, du messager, du mendiant (mots souvent synonymes), c'est qu'il réponde à quelque question énigmatique. Odin, déguisé en pèlerin, propose aussi des questions à ses hôtes ; il a voyagé quarante-deux fois parmi les peuples et sous autant de noms différents. *Alors vint un pauvre voyageur, qui voulait aller au Saint-Sépulcre, il avait nom Tragemund, et connaissait soixante-douze royaumes* (Chant allemand de l'*Habit décousu ou du roi Orendel*). Voyez les questions du pèlerin dans le *Tragemundeslied*, et la dissertation de J. Grimm sur ce chant (Altdeutsche Wælder, 7 Heft. 1813).

La tradition de saint André, dont la Légende dorée fait mention, s'en rapproche par la forme. Le diable, sous la figure d'une jolie femme, s'était glissé chez un évêque, et voulait le séduire. Tout à coup un pèlerin se présente à la porte, frappe à coups redoublés et appelle à grands cris. L'évêque demande à la femme s'il faut recevoir l'étranger. Qu'on lui propose, répondit-elle, une question difficile : s'il sait y répondre, qu'il soit admis ; sinon, qu'il soit repoussé comme ignorant et indigne de paraître en présence de l'évêque. Qu'on lui demande ce que Dieu a fait de plus admirable dans les petites choses. Le pèlerin répond : L'excellence et la variété des figures. La femme dit alors : Qu'on lui propose une seconde question plus difficile. En quel point la terre est plus élevée que le ciel ? Le pèlerin répond : Dans l'empyrée où repose le corps de Jésus-Christ (*comme chair et par conséquent comme terre*). Eh bien, dit la femme, qu'on lui propose une troisième question très-difficile et très-obscure, afin que l'on sache s'il est digne de s'asseoir à la table de l'évêque. Quelle est la distance de la terre au ciel? Alors le pèlerin au messager : Retourne à celui qui t'envoie, et fais-lui cette demande à lui-même, car il s'y connaît mieux que moi, il a mesuré l'espace quand il a été précipité dans l'abîme, et moi je ne suis jamais tombé du ciel. Le messager, saisi de frayeur, avait à peine apporté la réponse, que le malin disparut. — On retrouve une histoire toute semblable dans les Sagas du Nord.

PAGE 44. — *La table commune est un autel.* — La table a aussi un caractère sacré chez les peuples celtiques, témoin la fameuse table ronde d'Arthur. Mais c'est surtout dans l'Allemagne et le Nord, que l'homme se livre avec un abandon irréfléchi à ces agapes barbares, où, désarmé par l'ivresse, il se remet sans défense à la foi de ses compagnons. Ces habitudes intempérantes sont constatées dans les lois de Norwége : *Les chefs de famille doivent juger à jeun; si l'un d'eux a trop mangé ou trop bu, point de jugement pour ce jour* (Magnusar Konongs laga-baetirs gula-things-lang, sive jus commune Norvegicum. Havniæ; 1817, in-4°. C'est une réforme des lois antiques donnée par le roi Magnus, en 1274, dans l'île Guley. La Norwége a suivi ce Code pendant cinq siècles).

PAGE 44. — *Baptême de la bière... Risibles et touchants mystères de la vieille Allemagne... Symbolisme sacré... Graves initiations...* — Ce sujet si peu connu mérite d'être traité avec quelque détail. J'insisterai particulièrement sur les associations des chasseurs, et sur celles des artisans.

Grimm a recueilli deux cent cinq cris de chasse (Alt. Wælder, III, 3, 4, 5° Waidsprüche und Jægerschreie). Mœser prétend en avoir connu plus de sept cent cinquante. La langue de la chasse, telle que ces cris et chants nous l'ont conservée, est infiniment variée et poétique. Les chasseurs reconnaissent à la trace, non-seulement l'espèce, mais aussi le sexe, l'âge, la fécondité des animaux avec une précision qui nous étonne. Ils avaient soixante-douze signes pour distinguer les traces d'un cerf, la plupart de ces signes avaient un nom. Sous ce rapport extérieur, la langue des chasseurs et des bergers allemands est déjà une langue poétique, puisqu'elle a une foule de mots qui sont autant d'images. Les contrées montagneuses du Tyrol, de la Suisse, du Palatinat et de la Souabe, sont les plus riches en pareilles expressions.

Les demandes et les réponses des ouvriers voyageurs ont avec celles des chasseurs une ressemblance intime et incontestable; vous y retrouvez les couleurs et les nombres symboliques (3, 7). A son langage, à ses répliques sages, prudentes et précises, l'hôte, le compagnon ouvrier ou chasseur, reconnaît son confrère, voit qu'il est avec son semblable, et qu'il peut se fier à lui; les bandes de brigands même qui, par le braconnage, ont un rapport avec les chasseurs, se sont fait une langue pleine de mots poétiques, qu'ils ont su conserver depuis un temps infini. Les anciens joete, héros et nains, échangent des questions et se demandent des signes. De même, les compagnons voyageurs et chasseurs ont représenté tout le côté poétique et joyeux de leur genre de vie par des formules régulières, tour à tour instructives et plaisantes, dont le sens profond et sérieux est déguisé par la bonne humeur.

— Bon chasseur, qu'as-tu senti aujourd'hui? *R.* Un noble cerf et un sanglier; que puis-je désirer de mieux? — Bon chasseur, dis-moi: quel est le meilleur temps pour toi? *R.* La neige et le dégel, c'est le meilleur temps. — Dis-moi, bon chasseur, que doit faire le chasseur de bon matin quand il se lève? *R.* Il doit prier Dieu pour que la journée soit heureuse et plus heureuse que jamais; il doit prendre son limier par la laisse, pour découvrir les meilleures traces, il doit vivre selon Dieu, et jamais il n'aura de malheur. — Bon chasseur, dis-moi pourquoi le chasseur est appelé maître chasseur? *R.* Un chasseur adroit et sûr de son coup, obtient, des princes et des seigneurs, la faveur d'être appelé maître dans les sept arts libéraux (*Freien Kunst*).

Dis-moi, mon bon chasseur, où donc as-tu laissé ta belle et gentille demoiselle? *R.* Je l'ai laissée sous un arbre majestueux, sous le vert feuillage, et j'irai l'y rejoindre. Vive la jeune fille à la robe blanche, qui me souhaite tous les jours bonheur et prospérité! Tous les jours, avec la rosée, je la revois à la même place; quand je suis blessé, c'est la belle fille qui me guérit. Je souhaite au chasseur (*dit-elle*) bonheur et santé : puisse-t-il trouver un bon cerf!

— Dis-moi, bon chasseur, comment le loup parle au cerf en hiver? *R.* Sus, sus, enfant sec et maigre, tu passeras par mon gosier; je vais t'emporter dans la forêt

— Bon chasseur, dis-moi gentiment, ce qui fait rentrer le noble cerf de la plaine dans la forêt? *R.* La lumière du jour et la clarté de l'aurore. — Bon chasseur, dis-moi, qu'a fait le noble cerf sorti du bois dans la plaine? *R.* Il a foulé l'avoine et le seigle, et les paysans sont furieux.

— Bon valet de chasse, fais ton devoir, et je te donnerai ton droit de chasseur; sois actif et alerte, tu seras mon valet favori. — Debout, traînards et paresseux, qui voudriez vous reposer encore. Toi, chasseur prudent, arrange les instruments, fais l'ouvrage de ton père; toi, fier chasseur, tu conduiras ma meute au bois; et toi, jeune piqueur, qu'as-tu senti? *R.* Bonheur et santé seront notre partage. Je sens un cerf et un sanglier; il vient de passer devant moi : mieux vaudrait l'avoir pris.

— Bon chasseur, sans te fâcher, où courent-ils donc maintenant? *R.* Ils courent par la plaine et par les chemins; tant mieux pour le commun gibier; malheur au noble cerf. Entends-tu la réponse de mon chien? ils chassent par monts et par vaux. Ils sont sur la bonne voie; je les entends donner du cor; ils vont tuer le noble cerf. Oui, que Dieu nous favorise; que le noble cerf soit couché sur son flanc; que leur cor nous annonce la prise du cerf, et nous allons y courir à grands cris : que Dieu nous prête vie à tous !

Debout, debout, cellerier et cuisinier ; préparez aujourd'hui encore une bonne soupe et un baril de vin, afin que nous puissions tous vivre en joie.

— Dis-moi, gentil chasseur, où trouves-tu la première trace du noble cerf? *R.* Quand le noble cerf quitte le corps de sa mère et s'élance dans la feuillée et sur le gazon. — Dis-moi, gentil chasseur, quelle est la plus haute trace? *R.* Quand le noble cerf équarrit sa noble ramure, et qu'il en frappe les branches, quand il a renversé le feuillage avec sa noble couronne.

— Dis-moi, d'une façon gentille et polie, quel est le plus fier, le plus élevé et le plus noble des animaux ? — Je vais te le dire : le noble cerf est le plus fier, l'écureuil est le plus haut, et le lièvre est regardé comme le plus noble; on le reconnaît à sa trace. — Bon chasseur, dis-moi bien vite quel est le salaire du chasseur? *R.* Je vais te le dire tout de suite : le temps est beau, alors tous les chasseurs sont gais et contents; le temps est clair et serein, alors tous les chasseurs boivent du bon vin : ainsi je reste avec eux aujourd'hui et toujours. — Dis-moi bien, bon chasseur, quels seraient, pour mon prince ou mon seigneur, les gens les plus inutiles. *R.* Un chasseur bien mis qui ne rit pas, un limier qui trotte et ne prend rien, un lévrier qui se repose, ce sont-là les gens inutiles. — Dis-moi, bon chasseur, ce qui précède le noble cerf dans le bois? *R.* Son haleine brûlante va devant lui dans le bois. — Dis-moi ce que le noble cerf a fait dans cette eau limpide et courante? *R.* Il s'est rafraîchi, il a ranimé son jeune cœur. — Bon chasseur, dis-moi, que fait au noble cerf sa corne si jolie? *R.* Ce sont les petits vers qui font au noble cerf sa corne si jolie. — Dis-moi, bon chasseur, ce qui rend la forêt blanche, le loup blanc, la mer large, et d'où vient toute sagesse? *R.* Je vais te le dire, la vieillesse blanchit le loup, et la neige les forêts, l'eau agrandit la mer, et toute sagesse vient des belles filles.

Debout, debout, seigneurs et dames (*et plus loin :* vous toutes, jolies demoiselles), allons voir un noble cerf. Debout, seigneurs et dames, comtes et barons, chevaliers, pages, et vous aussi bons compagnons qui voulez avec moi aller dans la forêt. Debout, au nom de celui qui créa la bête sauvage et l'animal domestique. Debout, debout, frais et bien dispos comme le noble cerf; debout, frais et contents comme des chasseurs. Debout, sommelier, cuisinier.

Voyez-le courir, chasseurs ; c'est un noble cerf, j'en réponds. Il court, il hésite (*wanks und schwanks*), le pauvre enfant ne songe plus à sa mère ; il court au delà des chemins et des pâturages ; Dieu conserve ma belle amie ! Le noble cerf traverse le fleuve et la vallée ; que j'aime la bouche vermeille de mon amie! Voyez, le noble cerf fait un détour ; je voudrais tenir par la main ma belle amie. Le noble cerf court au delà des chemins ; je voudrais reposer sur le sein de ma belle amie. Le noble cerf franchit la bruyère ; que Dieu protége ma belle amie à la robe blanche ! Le noble cerf court sur la rosée ; que j'aime à voir ma belle amie !

(*Les chasseurs boivent après avoir atteint le cerf.*) — Chasseur, dis-moi, bon chasseur, de quoi le chasseur doit se garder ? *R.* De parler et de babiller ; c'est la perte du chasseur.

— Bon chasseur, gentil chasseur, dis-moi quand le noble cerf se porte le mieux ? *R.* Quand les chasseurs sont assis et boivent la bière et le vin, le cerf a coutume de très-bien se porter.

Quand les chasseurs s'informent de leurs chiens. Pourrais-tu me dire, bon chasseur, si tu as vu courir ou entendu aboyer mes chiens? *R.* Oui, bon chasseur, ils sont sur la bonne voie, je t'en réponds; ils étaient trois chiens, l'un était blanc, blanc, blanc, et poursuivait le cerf de toutes ses forces; l'autre était fauve, fauve, fauve, et chassait le cerf par monts et par vaux, le troisième était rouge, rouge, rouge, et chassait le noble cerf jusqu'à la mort.

Quand on donne la curée au chien, le chasseur lui dit : Compagnon, brave compagnon, tu chassais bien le cerf aujourd'hui, quand il franchissait la plaine et les chemins, aussi nous a-t-il cédé les droits du chasseur. Oh! oh! compagnon, honneur et merci! N'est-ce pas un beau début? Les chasseurs peuvent maintenant se réjouir, ils boivent le vin du Rhin et du Necker. Grand merci, mon fidèle compagnon, honneur et merci!

Les artisans, beaucoup plus étroitement liés que les chasseurs, n'admettaient de nouveaux membres dans leurs corporations qu'en leur faisant subir des initiations solennelles dont on aimera peut-être à trouver ici la forme : *Extrait du livre de Frisius, correcteur à Altenburg, vers* 1700. (Altdeutsche Wælder, durch die Brüder Grimm., 3 Heft. Cassel 1813.)

RÉCEPTION D'UN COMPAGNON FORGERON. — L'apprenti doit paraître devant les compagnons le jour où ils se réunissent à l'auberge. Les discours et les opérations qui ont lieu sont de trois sortes : 1° souffler le feu ; 2° ranimer le feu ; 3° instruire.

On place une chaise au milieu de la chambre, un ancien se passe autour du cou un essuie-main, dont les bouts retombent dans une cuvette placée sur la table. Celui qui veut souffler le feu, se lève et dit : Qu'il me soit permis d'aller chercher ce qu'il faut pour souffler le feu... Une fois, deux fois, trois fois, qu'il me soit permis d'ôter aux compagnons leurs serviettes et leurs cuvettes... Compagnons que me reprochez-vous ?

Réponse : Les compagnons te reprochent beaucoup de choses, *tu boîtes*, *tu pues* [1] ; si tu peux trouver quelqu'un qui *boîte et qui pue* davantage, lève-toi et pends-lui au cou tes sales lambeaux.

Le compagnon fait semblant de chercher, et l'on

---

[1] Deux mots allemands qui sonnent à peu près de même, et qu'on retrouve toujours ensemble dans les vieilles chansons pour désigner en général ce qui est déplaisant. Ainsi dans un rans (*Recueil de J.-R. Wyss.* Berne, 1826) :

Tryh yha, allsamma :
Die hinket, die stinket, etc.

introduit celui qui veut se faire recevoir. Dès que l'autre l'aperçoit, il lui pend sa serviette au cou et le place sur une chaise. L'ancien dit alors à l'apprenti : Cherche trois parrains qui te fassent compagnon... Alors on ranime le feu. Le filleul dit à son parrain : « Mon parrain, combien veux-tu me vendre l'honneur de porter ton nom? *R.* Un panier d'écrevisses, un morceau de bouilli, une mesure de vin, une tranche de jambon, moyennant quoi nous pourrons nous réjouir...

Instruction : Mon cher filleul, je vais t'apprendre bien des coutumes du métier, mais tu pourrais bien savoir déjà plus que je n'ai moi-même appris et oublié. Je vais te dire en tous cas quand il fait bon voyager. Entre Pâques et Pentecôte, quand les souliers sont bien cousus et la bourse bien garnie, on peut se mettre en route. Prends honnêtement congé de ton maître, le dimanche à midi après le dîner; jamais dans la semaine; ce n'est pas la coutume du métier qu'on quitte l'ouvrage au milieu d'une semaine. Dis-lui : Maître, je vous remercie de m'avoir appris un métier honorable; Dieu veuille que je vous le rende à vous ou aux vôtres, un jour ou l'autre! Dis à la maîtresse : Maîtresse, je vous remercie de m'avoir blanchi gratis; si je reviens un jour ou l'autre, je vous paierai de vos peines... Va trouver ensuite tes amis et tes confrères, et dis-leur : Dieu vous garde ! ne me dites point de mauvaises paroles. Si tu as de l'argent, fais venir un quart de bière, et invite tes amis et tes confrères... Quand tu seras à la porte de la ville, prends trois plumes dans ta main et souffle-les en l'air. L'une s'envolera par-dessus les remparts, l'autre sur l'eau, la troisième devant toi. Laquelle suivras-tu ?

Si tu suivais la première par-delà les remparts, tu pourrais bien tomber, et tu en serais pour ta jeune vie, ta bonne mère en serait pour son fils, et nous pour notre filleul ; ça ferait donc trois malheurs. Si tu suivais la seconde au-dessus de l'eau, tu pourrais te noyer, etc... Non, ne sois pas imprudent, suis celle qui volera tout droit, et tu arriveras devant un étang où tu verras une foule d'hommes verts assis sur le rivage, qui te crieront : Malheur ! malheur !

Passe outre ; tu entendras un moulin qui te dira sans s'arrêter : En arrière, en arrière ! Vas toujours jusqu'à ce que tu sois au moulin. As-tu faim, entre dans le moulin, et dis : Bonjour, bonne mère, le veau a-t-il encore du foin ? Comment va votre chien? La chatte est-elle en bonne santé ? Les poules pondent-elles beaucoup ? Que font les filles, ont-elles beaucoup d'amoureux? Si elles sont toujours honnêtes, tous les hommes les rechercheront.— Eh ! dira la bonne mère, c'est un beau fils bien élevé ; il s'inquiète de mon bétail et de mes filles ! Elle ira chercher une échelle pour monter dans la cheminée et te décrocher un saucisson ; mais ne la laisse pas monter, monte toi-même, et descends-lui la perche. Ne sois pas assez grossier pour prendre le plus long et le fourrer dans ton sac ; attends qu'elle te le donne. Quand tu l'auras reçu, remercie et va-t-en. Il pourrait se trouver là une hache de meunier, que tu regarderais en pensant que tu voudrais bien faire un pareil outil, mais le meunier penserait que tu veux la prendre : ne regarde pas plus longtemps, car les meuniers sont gens inhospitaliers. Ils ont de longs cure-oreilles; s'ils t'en donnaient sur les oreilles, tu en serais pour ta jeune vie, ta bonne mère, etc.

En allant plus loin tu te trouveras dans une forêt épaisse, où les oiseaux chanteront, petits et grands, et tu voudras t'égayer comme eux ; alors tu verras venir à cheval un brave marchand habillé de velours rouge, qui te dira : Bonne fortune, camarade ! pourquoi si gai ? — Eh ! diras-tu, comment ne serais-je pas gai, puisque j'ai sur moi tout le bien de mon père? — Il pensera que tu as dans tes poches quelques deux mille thalers, et te proposera un échange. N'en fais rien, ni la première, ni la seconde fois. S'il insiste une troisième fois; alors change avec lui, mais fais bien attention, ne *lui donne pas ton habit* le premier, laisse le donner le sien. Car si tu lui donnais le tien d'abord, il pourrait se sauver au galop; il a quatre pieds, tu n'en as que deux, et tu ne pourrais l'attraper. Après l'échange, va toujours et ne regarde point derrière toi. Si tu regardais et qu'il s'en aperçût, il pourrait penser que tu l'as trompé, il pourrait revenir, te poursuivre, et mettre ta vie en danger : continue ton chemin.

Plus loin tu verras une fontaine... bois et ne salis point l'eau, car un autre bon compagnon pourrait venir qui ne serait pas fâché de boire... Plus loin tu verras une potence : seras-tu triste ou gai?

Mon filleul, tu ne dois être ni gai ni triste, ni craindre d'être pendu, mais tu dois te réjouir d'être arrivé dans une ville ou dans un village. Si c'est dans une ville, et que l'on te demande aux portes d'où tu viens, ne dis pas que tu viens de loin; dis toujours *d'ici près,* et nomme le plus prochain village. C'est l'usage en beaucoup d'endroits que les gardes ne laissent entrer personne ; on dépose son paquet à la porte et l'on va chercher le signe. — Va donc à l'auberge [1] demander le signe au père des compagnons. Dis en entrant : Bonjour, bonne fortune, que Dieu protége l'honorable métier ! maîtres et compagnons, je demande le père.

Si le père est au logis, dis-lui : Père, je voudrais vous prier de me donner le signe des compagnons pour prendre mon paquet à la porte de la ville. Alors le père te donnera pour signe un fer à cheval ou bien un grand anneau, et tu pourras faire entrer ton paquet. Dans ton chemin tu rencontreras un petit chien blanc avec une jolie queue frisée. Eh ! diras-tu, je voudrais bien attraper ce petit chien et lui couper la queue, ça me ferait un beau plumet. — Non, mon filleul, n'en fais rien, tu pourrais perdre ton signe en le lui jetant, ou bien le tuer, et tu perdrais un métier honorable..... Quand tu seras revenu chez le père, à l'auberge, dis-lui : Je voudrais vous prier, en l'honneur du métier, de m'héberger moi et mon paquet. Le père te dira : Pose ton paquet : mais prends bien garde et ne le pends pas au mur, comme les paysans pendent leurs paniers ; place-le

---

[1] Chaque métier avait son auberge chez un vieux compagnon.

joliment sous l'établi ; si le père ne perd pas ses marteaux, tu ne perdras pas non plus ton paquet.....

Le soir, quand on va se mettre à table, reste près de la porte. Si le père compagnon te dit : Forgeron, viens et mange avec nous, n'y va pas si vite ; s'il t'invite une seconde fois, vas-y et mange. Si tu coupes du pain, coupe d'abord doucement un petit morceau, qu'on s'aperçoive à peine de ta présence ; et à la fin coupe un bon gros morceau, et rassasie-toi comme les autres.....

Quand le père boira à ta santé, tu peux boire aussi. S'il y a beaucoup à boire, bois beaucoup ; s'il y a peu, bois peu ; mais si tu as beaucoup d'argent, bois tout, et demande si l'on pourrait avoir un commissionnaire, dis que tu veux aussi payer une canette de bière... Quand viendra la nuit, demande si le bon père a besoin d'un forgeron qui dorme bien ? Le père te répondra : Je dors bien moi-même ; je n'ai pas besoin d'un forgeron pour cela. Le lendemain, quand tu seras levé de bonne heure, le père te dira : Forgeron, que signifiait donc ce vacarme (*au matin*) ? Réponds : Je n'en sais rien ; les chats s'y battent, et je n'ose rester au lit.

L'ancien dira alors : Celui dont le nom ne se trouve point dans nos lettres, dans les registres de la société, celui-là doit se lever et comparaître devant la table des maîtres et compagnons; qu'il donne un gros pour frais d'écriture, un bon *pourboire* au secrétaire, et on l'inscrira comme moi-même, comme tout autre bon compagnon, parce que tels sont les usages et les coutumes du métier, et que les usages et les coutumes du métier doivent être conservés, soit ici, soit ailleurs... Que personne ne parle des coutumes et des histoires du métier, de ce qu'ont pu faire à l'auberge maîtres et compagnons, jeunes ou vieux.

Réception d'un compagnon tonnelier. — On demande d'abord la permission d'introduire dans l'assemblée le jeune homme qui doit être reçu compagnon, et qu'on appelle *Tablier de Peau de Chèvre*. Lorsqu'il est introduit, le compagnon qui doit le *raboter*, parle ainsi :

Que le bonheur soit parmi vous ! Que Dieu honore l'honorable compagnie, maîtres et compagnons! Je le déclare avec votre permission, quelqu'un, je ne sais qui, me suit avec une peau de chèvre, un meurtrier de cerceaux, un gâte-bois, un batteur de pavés, un traître à la compagnie ; il avance sur le seuil de la porte, il recule, il dit qu'il n'est pas coupable, il entre avec moi, il dit qu'après avoir été *ra boté*, il sera bon compagnon comme un autre. Je le déclare donc, chers et gracieux maîtres et compagnons, *Peau de Chèvre* ici présent est venu me trouver, et m'a prié de vouloir bien le *raboter* selon les coutumes du métier, et de bénir son nom d'honneur, puisque c'est l'usage de la compagnie. J'ai bien pensé qu'il trouverait beaucoup de compagnons plus anciens qui ont plus oublié dans les coutumes du métier, que moi, jeune compagnon, je ne puis avoir appris, mais je n'ai pas voulu le refuser. J'ai consenti, car ce refus eût été ridicule, et c'était lui faire commencer bien mal ses voyages. Je vais donc le *raboter* et l'instruire, comme mon parrain m'a instruit ; ce que je ne saurai lui dire, il pourra l'apprendre dans ses voyages. Mais je vous prie, maîtres et compagnons, si je me trompais d'un ou plusieurs mots dans l'opération, de ne pas m'en savoir mauvais gré, mais de bien vouloir me corriger et m'instruire.

Avec votre permission je ferai trois questions : je demande pour la première fois : S'il est un maître ou compagnon qui sache quelque chose sur moi, ou sur *Peau de Chèvre* ici présent, ou sur son maître ? Que celui-là se lève et fasse maintenant sa déclaration..... S'il sait quelque chose sur mon compte, je me soumettrai à la discipline de l'honorable compagnie, comme c'est la coutume ; s'il sait quelque chose sur *Peau de Chèvre* ici présent, alors celui-ci ne sera pas tenu digne d'être reçu compagnon par moi et par toute l'honorable compagnie ; mais s'il s'agit de son maître, le maître se laissera punir aussi comme c'est la coutume,..... Avec votre permission je vais monter sur la table.

L'apprenti entre alors dans la chambre avec son parrain, il porte un tabouret sur ses épaules, et se place avec le tabouret sur la table ; les autres compagnons s'approchent l'un après l'autre, et lui retirent chacun trois fois le tabouret pour le faire tomber sur la table, mais le parrain lui prête secours et le retient en haut par les cheveux ; c'est ce qu'on nomme *raboter;* puis on le consacre à plusieurs reprises avec de la bière.

Le parrain dit : Vous le voyez, la tête que je tiens est creuse comme un sifflet ; elle a bien une bouche vermeille qui mange de bons morceaux, et boit de bons coups... C'est ici comme ailleurs l'usage et la coutume du métier, que celui qu'on *rabote*, doit avoir, outre son parrain, deux autres compères ra-

boteurs : regarde donc tous les compagnons et choisis-en deux qui te servent de compères... Comment veux-tu t'appeler de ton nom de rabot? Choisis un joli nom, court, et qui plaise aux jeunes filles. Celui qui porte un nom court plaît à tout le monde, et tout le monde boit à sa santé un verre de vin ou de bière..... Maintenant, donne pour l'argent de baptême ce qu'un autre a donné, et les maîtres et compagnons seront contents de toi.

— Avec votre permission, maître N..... je vous demanderai si vous répondez que votre apprenti sache son métier. A-t-il bien taillé, bien coupé le bois et les cerceaux? A-t-il été souvent boire le vin et la bière, et courir les belles filles? A-t-il bien joué et bien jouté (*geturniret*)? A-t-il dormi longtemps, peu travaillé, souvent mangé et alongé les dimanches et fêtes? A-t-il fait ses années d'apprentissage, comme il convient à un bon apprenti? *R.* Oui. — As-tu tout appris? *R.* Oui.

Eh! ça n'est pas possible, regarde autour de toi ces maîtres et ces compagnons; il y en a de bien braves et de bien vieux, cependant aucun d'eux ne sait tout, et tu voudrais tout savoir? Tu es loin de ton compte. Prétends-tu passer maître? — Oui. — Tu dois d'abord être compagnon. Veux-tu voyager? — Oui.

... Sur ton chemin tu verras d'abord un tas de fumier, et, dessus, des corbeaux noirs qui crieront : Il part! Il part! Que faire? faudra-t-il reculer ou passer outre? Réponds oui ou non... Tu dois passer outre, et dire en toi-même : Noirs corbeaux, vous ne serez pas mes prophètes. Plus loin, devant un village, trois vieilles femmes te regarderont et diront : Ah! jeune compagnon, retournez sur vos pas, car au bout d'un quart de mille vous arriverez dans une grande forêt où vous vous perdrez, et l'on ne pourra savoir où vous êtes... Retourneras-tu? *R.* Oui. — Eh! non, n'en fais rien, il serait ridicule à toi de t'en laisser conter par trois vieilles femmes. Au bout du village tu passeras devant un moulin qui dira : En arrière! en arrière! Que feras-tu? Voilà trois espèces de conseillers, d'abord les corbeaux; puis les trois vieilles femmes, et maintenant le moulin : il t'arrivera sans doute un grand malheur. Faut-il reculer ou passer outre? *R.* Oui. — Poursuis ta route et dis : Moulin, va ton train, et j'irai mon chemin... Plus loin, tu arriveras dans la grande et immense forêt dont les trois vieilles femmes t'ont parlé, forêt immense et sombre; tu pâliras de crainte en la traversant, mais il n'y a pas d'autre chemin; les oiseaux chanteront, grands et petits; un vent piquant et glacial soufflera sur toi, les arbres s'agiteront, *wink et wank*, *klink et klank*, ils craqueront comme s'ils allaient tomber les uns sur les autres, et tu seras dans un grand danger : Ah! diras-tu, si j'étais resté chez ma mère! car enfin un arbre pourrait t'écraser en tombant, et tu en serais pour ta jeune vie, ta mère pour son fils, et moi pour mon filleul. Tu seras donc forcé de retourner? ou bien veux-tu passer outre?... tu le dois.

Au sortir de la forêt, tu te trouveras dans une belle prairie, où tu verras s'élever un beau poirier couvert de belles poires jaunes, mais l'arbre sera bien haut... Reste quelque temps dessous et tends la bouche; s'il vient un vent frais, les poires tomberont dans ta bouche à foison... Est-ce là ce qu'il faut faire? (L'apprenti répond oui, et on le *rabote* en lui tirant les cheveux comme il faut.)... N'essaie pas de monter sur l'arbre, le paysan pourrait venir et te rouer de coups; les paysans sont des gens grossiers qui frappent deux ou trois fois à la même place. Écoute, je vais te donner un conseil : Tu es un jeune compagnon robuste : prends le tronc de l'arbre et secoue-le fortement, les poires tomberont en grand nombre... Vas-tu les ramasser toutes? *R*. Oui. — Eh! non pas, tu dois en laisser quelques-unes et te dire :

Qui sait? peut-être à son tour un brave compagnon, traversant la forêt, viendra jusqu'à ce poirier; il voudrait bien manger des poires, mais il ne serait pas assez fort pour secouer l'arbre, ce serait donc lui rendre un bon service que de lui préparer des provisions.

En continuant ton chemin, tu viendras près d'un ruisseau coupé par un pont fort étroit, et sur ce pont tu rencontreras une jeune fille et une chèvre; mais le pont sera si étroit que vous ne pourrez manquer de vous heurter. Comment feras-tu? Eh bien, pousse dans l'eau la jeune fille et la chèvre, et tu pourras passer à ton aise : Qu'en dis-tu? *R.* Oui. — Eh! non pas; je vais te donner un autre conseil; prends la chèvre sur tes épaules, la jeune fille dans tes bras, et passe avec ton fardeau; vous arriverez tous trois de l'autre côté, tu pourras alors prendre la jeune fille pour ta femme, car il te faut une femme, et tu pourras tuer la chèvre; sa chair est bonne pour le repas de noce, sa peau te fournira un bon tablier ou une musette pour réjouir ta femme... (L'apprenti est raboté de nouveau.)

Plus loin tu verras la ville; quand tu en seras près, arrête-toi quelques moments, mets des souliers et des bas propres... Demande l'auberge tenue par un maître, vas-y tout droit, salue tout le monde, et dis : Père des compagnons, je voudrais vous prier de m'héberger en l'honneur du métier, moi et mon paquet, de souffrir que je m'asseie sur votre banc et que je mette mon paquet dessous ; je vous prie, ne me faites pas asseoir devant la porte, je me conduirai selon les usages du métier, comme il convient à un honnête compagnon.

Le père te dira : Si tu veux être un bon fils, entre dans la chambre et dépose ton paquet au nom de Dieu. Si tu vois la mère en entrant dans la chambre, dis-lui : Bonsoir, bonne mère. Si le père a des filles, appelle-les *sœurs*, et les compagnons *frères*. En plusieurs endroits ils ont de belles chambres, avec des bois de cerfs attachés au mur ; pends ton paquet à l'un de ces bois ; s'il a plu, et que tu sois mouillé, pends ton manteau près du poêle, comme aussi tes souliers et tes bas, et fais-les bien sécher, pour être le lendemain frais et dispos, prêt à partir ; le feras-tu ? *R.* Oui. — Eh ! non pas ; si le père a bien voulu t'héberger, entre dans la chambre, dépose ton paquet sous le banc près de la porte, assieds-toi sur le banc, et te tiens coi.

Quand le soir viendra, le père te fera conduire à ton lit, mais si la sœur veut monter pour t'éclairer...

afin que tu n'aies pas peur... prends garde. Quand tu es arrivé en haut, et que tu vois ton lit, remercie-la, souhaite-lui une bonne nuit, et dis-lui qu'elle descende pour l'amour de Dieu, que tu seras bientôt couché.

Le matin, quand il fait jour et que les autres se lèvent, tu peux rester au lit, jusqu'à ce que le soleil t'éclaire, personne ne viendra te secouer, et tu peux dormir à ton aise; qu'en dis-tu? *R.* Oui. — Eh! non pas; mais si tu t'aperçois qu'il est temps de se lever, lève-toi, et quand tu entreras dans la chambre, souhaite le bonjour au père, à la mère, aux frères et aux sœurs; ils te demanderont peut-être comment tu as dormi; raconte-leur ton rêve pour les faire rire.

As-tu envie de travailler en ville... tantôt c'est l'ancien, tantôt c'est le frère, d'autres fois c'est toi-même qui dois te chercher de l'ouvrage, selon l'usage différent des lieux. Va trouver l'ancien et dis : Compagnon, je voudrais vous prier, selon les usages et coutumes du métier, de vouloir bien me trouver de l'ouvrage, je désire travailler ici ; l'ancien répondra : Compagnon, je m'en occuperai... Maintenant tu vas sortir pour boire de la bière, ou pour voir les belles maisons de la ville... N'est-ce pas. *R.* Oui. — Eh! non pas; tu dois retourner à l'auberge, jusqu'à ce que l'ancien revienne, car il vaut mieux que tu attendes, que de te faire attendre par lui. Mais, dans l'intervalle, tu verras sur ton chemin trois maîtres : le premier a beaucoup de bois et de cerceaux; le second a trois belles filles, et donne de la bière et du vin; le troisième est un pauvre maître ; chez lequel travailleras-tu? Si tu travailles chez le premier, tu deviendras un vigoureux cercleur : chez le second qui donne de la bière et du vin, et qui a de belles filles, tu serais heureux, comme on dit; on y fait de beaux cadeaux, on y boit bien, on saute avec les belles filles. Et chez le pauvre maître?... J'entends, tu voudrais faire fortune. Chez lequel veux-tu travailler? Tu ne dois mépriser personne, tu dois travailler chez le pauvre comme chez le riche... L'ancien te dira à son retour : Compagnon, j'ai cherché de l'ouvrage et j'en ai trouvé. Réponds : Compagnon, attendez, je vais faire venir une canette de bière. Mais si tu n'as pas d'argent, dis-lui : Compagnon, pour le moment je ne suis pas en fonds, mais si nous nous retrouvons aujourd'hui ou demain, je saurai bien vous prouver ma reconnaissance.

Le maître te donnera ton ouvrage et tes outils. Après avoir travaillé quelques moments, tes outils ne couperont plus. Maître, diras-tu, je ne sais pas si c'est que les outils ne veulent pas couper, ou que je n'ai pas de goût au travail; tournez-moi la meule pour que j'aiguise mes outils. Le feras-tu? *R.* Oui. — Eh! non pas. Si tu te mets à l'ouvrage, et qu'il y ait avec toi beaucoup de compagnons, tu ne dois pas être piqué de ce que le maître ne te met pas tout de suite au-dessus d'eux : si le maître voit que tu travailles bien, il saura bien te mettre à ta place.

Demande aux compagnons s'ils vont tous à l'auberge, et ce que le nouveau venu doit mettre à la masse; ils t'en instruiront... L'ancien te dira : Un gros, ou bien neuf liards, selon la coutume. A l'auberge, l'ancien dira : C'est ici comme ailleurs la coutume du métier qu'on se rassemble à l'auberge tous les quinze jours, et que chacun donne le denier de la semaine. Si la mère a bien garni ta bourse, prends de l'argent et jette-le sur la table, si bien qu'il saute à la figure de l'ancien, et dis : Voilà pour moi, rendez-moi de la monnaie. Le feras-tu? *R.* Oui. — Eh! non pas : prends l'argent dans ta main droite; place-le bien honnêtement devant l'ancien, et dis : Avec votre permission, voilà pour moi; ne demande pas ta monnaie, l'ancien saura bien te la rendre, si tu as donné plus qu'il ne te faut... (Alors on le *rabote* pour la troisième fois.)

Si l'ancien te dit : Compagnon, fais plaisir aux maîtres et compagnons, et va chercher de la bière ; tu ne dois pas refuser. Si tu rencontres une jeune fille ou un bon ami, tu lui donneras de ta bière, entends-tu ? *R.* Oui. — Eh ! non pas ; si tu veux faire une honnêteté à quelqu'un, prends ton argent, et dis : Va boire à ma santé ; quand les compagnons se seront séparés, j'irai te rejoindre ; autrement, tu serais puni. A la fin du repas, lève-toi de table et crie au feu ! les autres viendront l'éteindre... — Le parrain rentre alors et dit : Je le déclare avec votre permission, maîtres et compagnons ; tout à l'heure je vous amenais une *Peau de Chèvre*, un meurtrier de cerceaux, un gâte-bois, un batteur de pavés, traître aux maîtres et compagnons ; maintenant j'espère vous amener un brave et honnête compagnon... Mon filleul, je te souhaite bonheur et prospérité dans ton nouvel état et dans tes voyages ; que Dieu te soit en aide sur la terre et sur l'eau ! Si tu vas aujourd'hui ou demain dans un endroit où les coutumes du métier ne soient pas en vigueur, travaille à les établir ; si tu n'as pas d'argent, tâche d'en gagner, fais respecter les coutumes du métier, ne souffre point qu'elles s'affaiblissent, fais plutôt recevoir dix braves compagnons qu'un mauvais, là où tu pourras les trouver ;

si tu ne les trouves point, prends ton paquet et va plus loi ¡.

Alors l'apprenti doit courir dans la rue en criant *au feu !* les compagnons viennent et lui font une aspersion d'eau froide assez abondante. Enfin vient le repas ; on le couronne, on lui donne la place d'honneur, et l'on boit à sa santé.

Pour achever de faire connaître l'esprit des compagnons allemands, nous ferons connaître, d'après le bel ouvrage de Gœrres (Volksbucher), plusieurs de leurs livres populaires.

Couronne d'honneur des Meuniers, revue et augmentée, ou Explication complète de la vraie nature du Cercle, dédiée à la compagnie des Meuniers, par un garçon meunier, nommé Georges Bohrmann, donné en présent à ses compagnons pour qu'ils conservent de lui un bon souvenir. On a fait imprimer ses vers et ses écrits parce que, comme le dit Sirack, à l'œuvre on connaît l'artisan. Imprimé dans cette année (ce titre est en vers). — Écrit en Misnie. — Le meilleur livre qu'ait produit en Allemagne l'esprit de corporation. — Esprit de simplicité calme et digne ; versification facile. Une première gravure en bois représente un cercle avec des sentences mystiques ; l'explication nous apprend ensuite que tout a été créé par le cercle. A la seconde figure, l'auteur essaie de nous montrer le monde dans la croix. Vient ensuite une histoire de la profession des meuniers d'après la sainte Écriture, puis un dialogue satirique, puis un voyage poétique et une description des meilleurs moulins de Lusace, Silésie, Moravie, Hongrie, Bohême, Thuringe, Franconie ; admiration et souhaits pour Nuremberg.—Il place en forme de triangle les noms des trois meilleurs meuniers qui aient existé. Enfin, il termine dévotement par Dieu, l'*architecte du monde*, et par une conclusion à la louange de l'état du meunier. — Livre connu seulement, à ce qu'il semble, dans le nord de l'Allemagne.

Quelques belles nouvelles formules de l'honorable corps des Charpentiers, qu'ils ont coutume de prononcer après avoir achevé un nouveau bâtiment, en attachant le bouquet ou la couronne en présence d'un grand nombre de spectateurs, publié pour la première fois en cette année. Cologne et Nuremberg. — La maison est considérée comme l'image mystique de l'Église visible.— Cérémonie du bouquet placé sur la maison terminée. — Discours à prononcer du haut du toit.

Coutumes de l'honorable métier des Boulangers;

comment chacun doit se conduire à l'auberge et à l'ouvrage. Imprimées pour le mieux, à l'usage de ceux qui se préparent aux voyages. Nuremberg.

Origine, antiquité et gloire de l'honorable compagnie des Pelletiers. Description exacte de toutes les formules observées depuis longtemps d'après les statuts de la corporation dans les engagements, initiations et réceptions de maîtres, comme aussi de la manière dont on examine les compagnons. Le tout fidèlement décrit par Jacob Wahrmund (bouche véridique), *imprimé pour la première fois.* — Les pelletiers et les mégissiers se vantent d'avoir eu pour premier compagnon Dieu lui-même, attendu qu'il est dit dans l'Écriture sainte que Dieu fit à Adam et Ève un habit de peau, honneur que n'ont pas les autres compagnies. Le candidat doit être enfant très-légitime.

Le génie symbolique des livres de compagnonnage forme un contraste avec l'*Eulenspiegel*, le livre populaire des paysans allemands :

Eulenspiegel (miroir de hibou) *ressuscité, histoire surprenante et merveilleuse de Till Eulenspiegel, fils d'un paysan, natif du pays de Braunschweig, traduite du saxon en bon haut allemand, revue et augmentée de quelques figures ; ouvrage très-divertissant, suivi d'un appendice très-gai ; le tout bien rehaussé et bien recuit. Cologne et Nuremberg.* — Esprit de grosse malice. C'est l'esprit du paysan du Nord personnifié ; Eulenspiegel fréquente toutes les classes, fait tous les métiers; c'est le fou du peuple, par contraste avec les fous des princes. — La première édition parut en 1483. A la Réforme, l'Eulenspiegel de la quatrième édition de Strasbourg fut, comme l'Allemagne, moitié catholique et moitié protestant ; en cette dernière qualité il se moque des papes et des prêtres. Il fut traduit en français, en vers iambiques latins, et plus tard en plusieurs autres langues. — Ce livre réussit auprès des paysans de l'intérieur de la Suisse ; ces robustes montagnards chez qui la chair est si forte et si puissante, et qui s'accommodent assez des obscénités d'Eulenspiegel. — On dit que le héros du livre exista en effet, et mourut en 1350. On montrerait encore son tombeau sous les tilleuls, à Mœllen, près Lubeck. La pierre porterait gravés une chouette et un miroir ; la chouette désigne le caractère malicieux, gourmand et voleur d'Eulenspiegel.

A côté de ce livre national se place l'*Histoire de Faust.* Elle est tirée d'un ouvrage plus volumineux, dont voici le titre : *Première partie des péchés et des vices affreux et abominables, comme aussi des prodiges surprenants que le docteur Joannes Faustus, fameux magicien, archi-sorcier, a opérés par sa magie jusqu'à sa fin terrible. Hambourg*, 1599. — Les dépositions d'une foule de témoins oculaires prouvent l'existence de Faust à la fin du quinzième siècle et au commencement du seizième. Contemporain et ami de Paracelse, de Cornélius-Agrippa. Mélanchton (dans ses lettres), Conrad, Gessner, Manlius *in Collectaneis locorum Communium*, parlent de Faust. Vidmann cite les paroles de Luther à son sujet. L'abbé Tritheim, dans ses *Lettres familières*, le traite de fat et d'imposteur : *N'a-t-il pas osé dire que si les volumes d'Aristote et de Platon périssaient tous avec leur philosophie, il les rendrait au monde par son génie, comme Esdras retrouva les livres saints dans sa mémoire !* — Chaque époque avait eu son Faust, auquel les contemporains attribuaient toujours quelque chose de surnaturel ; tous vinrent se réunir dans le véritable et dernier Faust, qui dès lors fut le chef de tous les sorciers précédents, perfectionna le grand œuvre et fit plus encore. Faust est donc plutôt un livre qu'une personne ; tout ce que l'histoire de sa vie raconte de ses tours de sorcellerie était depuis des siècles dans la tradition, et l'image de Faust fut seulement imprimée comme un cachet sur le recueil universel. — L'écrit de Vidmann se fonde sur un manuscrit autographe de Faust, que les trois fils d'un docteur célèbre de Leipzig trouvèrent dans sa bibliothèque. Ce manuscrit pourrait bien être de Waiger ou Wagner, disciple de Faust à qui son maître rend témoignage en ces termes : « *Discret, plein de malice et de ruse, ayant assez d'esprit, passant pour muet à l'école avec les boulangers et les bouchers, mais parlant fort bien au logis; bâtard au demeurant.* » Il le fit son héritier, lui laissa tous ses livres, et lui dit avant sa mort : *Je t'en prie, ne révèle que longtemps après ma mort mon art et mes opérations, alors tu rassembleras les faits avec soin pour en composer une histoire; ton esprit familier, le coq de bruyère, t'aidera dans ce travail, et te rappellera ce que tu aurais oublié ; car on voudra connaître mon histoire écrite de ta main.*

La littérature populaire de l'Allemagne se ferme par la Réforme, ou plutôt elle se concentre alors dans le seul Luther, l'écrivain le plus populaire qui ait existé. Immédiatement avant cette époque (vers 1500), on distingue deux poëtes, le cordonnier Hans Sachs, et le prédicateur impérial Murner. Je ne parle pas de Sebastian Brant, conseiller de Maximilien, l'auteur du *Vaisseau des fous* (Narrenschiff), qui eut si peu de mérite et tant de succès, et qui, peut-être, servit de modèle aux *Emblemata* d'Alciat. Brant place au premier rang, parmi les fous, les amis de l'imprimerie, *qui,* dit-il, *doit tomber bientôt dans le mépris.*

Hans Sachs est plus intéressant (Voyez ses œuvres, réimprimées à Nuremberg, 1784, 5 vol. in-8°, sa vie par Ranisch, et les ouvrages de Wagenseil, Schœber, Hirsch, Dunkel, Will et Riederer). Sa vie, peu féconde en événements, n'en est pas moins propre à faire connaître les mœurs et la singulière culture des artisans de l'Allemagne à cette époque. — Né en 1494 d'un tailleur de Nuremberg, envoyé à sept ans aux écoles latines, à quinze en apprentissage chez un cordonnier, à dix-sept en voyage à Ratisbonne, Passau, Salzbourg, Inspruck, où il est employé comme chasseur de l'empereur Maximilien (*Soin inutile de la femme,* 1er vol. de ses œuvres, et 4e vol., p. 294, éd. 1590). Puis il alla à Munich, s'arrêta à Wurtzbourg et à Francfort, puis à Coblentz, Cologne et Aix. — Son maître de poésie avait été Léonard Nunnenbek, tisserand de Nuremberg ; sur sa route, il apprit un grand nombre de rhythmes, et, parvenu dans la Haute-Autriche, il embrassa la résolution de se dévouer aux lettres ; et (2me vol. *les Dons des Muses*) il tint peu après à Francfort sa première école. Après avoir visité encore Leipzig, Lubeck,

Osnabruck, Vienne, Erfurth, il revint à Nuremberg, âgé de 22 ans (1516), d'après le désir de son père.— Reçu maître cordonnier, il se maria en 1519, fit d'abord dans un faubourg un petit commerce, et retourna encore peu après à la foire de Francfort. Il vécut heureux avec sa Cunégonde plus de quarante ans, en eut deux fils et cinq filles, qui moururent tous avant lui. Il se remaria en 1561 (5me vol. *Kunstlichen frauen lob*). A l'âge de 76 ans, il perdit l'usage de ses facultés, et mourut à 82 ans, en 1576.

En 1525, il donna un panégyrique de la Réforme, sous le titre suivant : *Le Rossignol de Wittemberg, qu'on entend aujourd'hui partout*. Dans la gravure en bois, on voit un rossignol entre le soleil, la lune et divers animaux; sur une montagne, un agneau avec un étendard de victoire. Tout à la fin : *Christus amator. Papa peccator*. Un père Spée en donna une réfutation sous le titre : *A moi, contre le rossignol!* — Hans Sachs écrivit aussi sur la Réforme des dialogues en prose, 1524. Le premier est intitulé : *Dispute entre un chanoine et un cordonnier, où l'on défend la parole de Dieu et une existence chrétienne. Hanns Sachs. MDXXIII.* La gravure représente, entre autres personnages, un cordonnier qui tient une paire de pantoufles à la main.

ET ÉCLAIRCISSEMENTS. 163

Le plus curieux des ouvrages d'Hans est celui dont nous allons donner l'analyse. Voy. page 290 de l'in-8°, 1781, et page 161 de l'in-24, 1821. *Une courte et joyeuse pièce de carnaval, à trois personnages, savoir : Un bourgeois, un paysan et un homme noble.* Les *Gâteaux creux.* Le titre est vague, et la moralité placée à la fin n'a aucun rapport avec la pièce. L'auteur crut peut-être devoir entourer de ces précautions un ouvrage où il donnait l'avantage au paysan sur les autres ordres, en présence des bourgeois de Nuremberg ; et cela à une époque où la révolte presque universelle des paysans d'Allemagne excitait contre eux la plus violente animosité. La pièce n'est point datée, contre l'usage de l'auteur ; mais l'allusion au nom de Gœtz von Berlichingen, général des paysans soulevés, indique qu'elle fut probablement composée après 1525.

Le paysan veut s'asseoir avec le bourgeois pour prendre part à la joie de la fête ; celui-ci le repousse avec insulte ; et le paysan, après une généalogie burlesque, ajoute : Du côté de ma mère je suis un Gœtz (Gœtz pour Klotz, une souche, une bûche). C'est pourquoi, ceux qui me connaissaient, me nomment Gœtz Tœlp Fritz. Maintenant que vous savez qui je suis, recevez-moi pour convive, et laissez-moi m'asseoir à table. — *Le bourgeois :* Hors d'ici, imbécille ! ne vois-tu pas venir un noble ? Que veux-tu faire ici avec nous ? — *Le noble :* Que fais-tu ici, Tœlp Fritz ? Ne peux-tu trouver une auberge dans le village sans venir ici avec les bourgeois. — *Le bourgois :* C'est ce que je lui disais, chevalier. — *Le paysan :* Dois-je vous dire à tous deux ce que j'ai dans l'âme ? — *Le Noble :* Parle, Tœlp, sans cela tu étoufferais. Tu es bien un vrai paysan. — *Le Paysan :* Qui vous ouvrirait les veines de paysans que vous avez, pourrait bien vous saigner à mort. — *Le noble :* Entendez-vous ce cheval ? Qu'on le jette du haut de l'escalier. — *Le paysan :* Comprenez du moins ma pensée. Adam, comme nous le dit notre curé, a été notre père à tous ; nous sommes tous ses enfants. — *Le noble :* Oui, mais il y a bien de la différence. Noé eut trois fils : l'un, qui était un coquin, s'appelait Cham, et c'était un paysan. De Sem et de Japhet descendent les races de la bourgeoisie et de la noblesse. — *Le paysan :* J'avais encore entendu dire que la noblesse venait de la vertu, que jadis les nobles protégeaient les veuves, les orphelins, et défendaient les pauvres voyageurs. Chevalier, est-ce encore votre usage ? — *Le noble :* Et toi, dis-moi ; n'était-ce pas aussi le vôtre dans les temps anciens, à vous autres paysans, d'être simples, justes et pieux? aujourd'hui vous n'êtes plus que des fripons, des scélérats; vous avez la bouche dure, vous ne vous laissez pas conduire... Toi, tu n'es qu'un malotru; moi, je suis noble de race. J'ai toujours des provisions sans travail, j'ai des revenus et des rentes. Je suis élégant et poli quand je vais à la cour des princes.—*Le paysan* : Ma politesse, à moi, c'est de labourer, de semer, de moissonner, de battre le grain, de couper le foin, d'arracher les herbes, et tant d'autres travaux par lesquels je vous nourris tous deux... Oh! je sais bien comment vous vivez l'un et l'autre. Dites-moi, noble seigneur, votre cheval n'a-t-il jamais sur une route mordu la poche d'un marchand?

Le paysan prouve ensuite par des raisons burlesques qu'il est plus heureux que le noble et le bourgeois ; ce que sans doute les véritables paysans n'auraient point accordé. Suivent beaucoup de détails de mœurs assez curieux sur les costumes, les jeux du peuple et les aliments des différentes classes de la société. Le noble, convaincu, finit par dire : Morbleu, le paysan dit vrai. Viens, je veux faire le carnaval avec toi. Nous verserons bravement, nous boirons, nous jouerons à qui mieux mieux. — *Le bourgeois conclut* : « Mes bons seigneurs, ne nous accusez point, si nous sommes restés longtemps avec ce paysan grossier : il ne pouvait être plus poli, comme dit le vieux proverbe : Mettez un paysan dans un sac, les bottes passeront toujours. En vivant avec les gens grossiers, on devient grossier comme eux ; il faut donc que les jeunes gens, etc. Hans Sachs vous souhaite une bonne nuit. »

Rien n'est plus opposé au génie d'Hans Sachs que celui de Murner. Le cordonnier de Nuremberg vise à l'élégance, parle toujours de fleurs et de bocages, et tombe souvent dans la fadeur. Murner, docteur, prédicateur, poëte lauréat, affecte la grossièreté pour se faire entendre du peuple. Ses satires mordantes (la *compagnie des fripons*, et la *conjuration des fous*, Schelmenzunft, Narrenbeschwœrung), inspirées par la corruption mercantile de Strasbourg, n'ont rien qui fasse penser à la vieille Allemagne. Nous n'en citerons que les passages suivants.

« Il y en a qui veulent décider de ce qui se fait dans l'Empire, juger où l'Empereur en est avec l'Allemagne ou l'Italie, et pourtant, à bien examiner, personne ne le leur commande. *A qui les Vénitiens empruntent-ils ? Comment veulent-ils vendre ? Comment le pape tient-il maison ? Pourquoi le Français ne reste-t-il pas dans l'alliance du roi des Romains ?* Que nous mangions ou nous buvions, nous déplorons la puissance de *ce rusé* (Louis XII), *qui veut nous faire la queue, le roi d'Aragon ne veut pas trop bien récompenser ceux de Venise ; le Turc passe la mer*, ce qui nous chagrine fort le cœur ; sans parler des *villes de l'Empire qui nous ont fait ceci et cela, mais ce ne sera point sans vengeance !*..... Mon bon ami, songe à tes affaires ; laisse les villes impériales pour villes impériales ; bois plutôt de bon vin ; l'Empire n'en perdra aucune ville. — .....Avoir peu et dépenser beaucoup, écarter les mouches des seigneurs, fourrer à la dérobée dans son manteau, jeter des pierres dans les fenêtres, écrire de petits libelles anonymes, pousser ensemble avec des mensonges, se grimer dans l'habit de prêtre..... Est-ce ma faute, si je les place ici. Je suis pour cette année secrétaire de la *compagnie des fripons*. Qu'ils en choisissent un autre. »

Page 45. — *Se faire l'*homme *d'un autre...* Est-il permis à un vassal de cracher, tousser, éternuer ou se moucher en présence de son seigneur? ne mérite-t-il pas punition pour ne pas s'être tenu droit, ou avoir chassé les mouches en sa présence? Le *Jus feudale Alemanicum* pose ces deux questions. — Cette dépendance servile dans la forme était ordinairement anoblie par la sincérité du dévoûment; il éclate d'une manière touchante dans ces vers d'Harmann de Aue : « Ma joie ne fut jamais sans inquiétude jusqu'au jour où je cueillis pour moi les fleurs du Christ que je porte aujourd'hui (les insignes de la croisade); depuis que la mort m'a privé de mon seigneur, il entre pour la meilleure part dans ma joie, et la moitié de mon pèlerinage est pour lui. » *Gœrres. Recueil des Minnesinger*. Citations de la préface.

Grimm (*über den altdeutschen Meistergesang*, 1811) a fort bien établi que généralement le poëte, comme le chevalier, était l'*homme* du prince, et subsistait de ses présents. La poésie louangeuse était, à ce qu'il semble, un service féodal, comme celui de l'ost et du plaid. Voici des vers où un meistersinger s'efforce de provoquer par des louanges mêlées de reproche la générosité du pauvre et *chevalereux* empereur, Rodolphe de Habsbourg. « Le roi des Romains ne donne rien, et pourtant il est riche comme un roi : il ne donne rien, mais il est brave comme un lion; il ne donne rien, mais il est très-chaste; il ne donne rien, mais sa vie est irréprochable. — Il ne donne rien, mais il aime Dieu et respecte la vertu des femmes; il ne donne rien, mais jamais homme n'eut un plus beau corps; il ne donne rien, mais il est sans taches;

il ne donne rien, mais il est sage et pur. — Il ne donne rien, mais il juge avec équité; il ne donne rien, mais il aime l'honneur et la fidélité; il ne donne rien, mais il est plein de vertus; hélas! il ne donne rien à personne! Que dirai-je encore? il ne donne rien, mais c'est un héros plein de grâces et de prestesse : il ne donne rien, le roi Rodolphe, quoi qu'on puisse dire et chanter à sa louange. »

Page 46. — Frau... *La Vierge*... Il peut être curieux de mesurer tout le chemin qu'avait fait l'idéal de la femme germanique, depuis le paganisme du Nord jusqu'au temps du christianisme et de la chevalerie, qui la placèrent sur l'autel même, et la montrèrent transfigurée à la droite de Dieu. D'abord dans le Nialsaga, la femme est belle d'une pureté farouche; elle est élevée par un guerrier qui veille sur elle toute sa vie, et qui tue, sans pitié, l'époux trop peu respectueux pour sa fille d'adoption. Deux fois la vierge fatale coûte ainsi la vie à son époux. Dans les Nibelungen, la femme charme son barbare amant par sa force autant que par sa beauté. « Divers bruits s'élevaient sur le Rhin; sur le Rhin, disait-on, il y a plus d'une belle fille; Gunther le roi puissant voulut en obtenir une, et le désir s'accrut dans le cœur du héros. — Une reine avait son empire sur la mer; de l'aveu commun, elle n'eut point de semblable; elle était d'une beauté démesurée (*diu was unmazen schœne*), puissante était la force de ses membres; elle défiait au javelot les rapides guerriers qui briguaient son amour. — Elle lançait au loin la pierre, et la ramassait d'un seul bond. Celui qui la priait d'amour, devait sans pâlir vaincre à trois jeux la noble femme; vaincu dans une joute, il payait de sa tête. — Mille fois elle était sortie vierge de ces combats. Sur le Rhin un héros bien fait l'apprit, qui tourna tous ses pensers vers la belle femme; avec lui les héros payèrent de leur tête. — Un jour le roi était assis avec ses hommes; ils agitaient de quelle femme leur maître pourrait faire son épouse et la reine d'un beau pays. — Le chef du Rhin dit alors: « Je veux descendre jusqu'à la mer, jusqu'à Brunhild, quoi qu'il m'arrive; pour son amour je risquerai ma vie, et la perdrai si elle n'est ma femme. ». — Et moi je vous en détournerai, dit Sigfried. Cette reine a des mœurs si barbares! qui prétend à son amour joue gros jeu; et je vous donne sur ce voyage un avis franc et sincère. — Jamais, dit le roi Gunther, femme ne fut si forte et si hardie; je voudrais de mes mains dompter son corps dans la lutte. —

Doucement, vous ne connaissez pas sa force. Fussiez-vous quatre, vous ne sortiriez pas sains et saufs de sa terrible colère : renoncez à votre envie, je vous le conseille en ami, et si vous ne voulez mourir, ne courez point, pour son amour, une chance si affreuse. — Quelle que soit sa force ; je ne renonce pas à mon voyage ; allons chez Brunhild, quoi qu'il m'arrive ; pour sa beauté prodigieuse, on doit tout oser, et quoi que Dieu me réserve, suivez-moi sur le Rhin. » *Der Nibelungen Lied*, éd. 1820.

Nous avons traduit le morceau dans toute sa naïveté barbare. M. le baron d'Eckstein qui a donné dans le Catholique de belles et éloquentes traductions des Nibelungen, me semble en avoir adouci quelquefois le caractère rude et fruste, sans doute par ménagement pour la timidité du goût français.

Peu à peu l'idéal de la femme s'épure. La femme de la chair subsiste sous le nom de Weib, tandis que s'en dégage la femme de l'esprit, la femme morale, Frau. L'un des plus célèbres meistersinger, Frauenlob, reçut ce nom pour avoir dans maint combat poétique soutenu cette distinction, et célébré tour à tour dans des chants d'amour et dans des hymnes les dames de ce monde et les dames du paradis. Celles d'ici-bas témoignèrent au panégyriste de la femme une tendre reconnaissance; elles voulurent faire elles-mêmes les funérailles de leur poëte. La pierre sépulcrale que l'on voit encore dans la cathédrale de Mayence, les représente portant le cercueil de celui qu'elles avaient inspiré si longtemps et fait tant pleurer.

Page 46. — *La Vierge...* — Voy. Grimm, *Alt. W.*, introd. à *la Forge d'Or* (poëme en l'honneur de la Vierge), de Conrad de Wurtzburg, très-curieux pour les mythes chrétiens du moyen âge. « Une des idées qui reviennent le plus dans nos meistersinger, dit le savant éditeur, c'est la comparaison de l'incarnation de Jésus-Christ avec *l'aurore d'un nouveau soleil.* Toute religion avait eu son soleil-dieu, et dès le quatrième siècle, l'Église occidentale célèbre la naissance de Jésus-Christ au jour où le soleil remonte, au 25 décembre, c'est-à-dire au jour où l'on célébrait la naissance du *soleil invincible.* C'est un rapport évident avec le soleil-dieu Mithra (Creuzer, Symbolik, II, 220; Jablonski, opus III, 346, seq.). — On lit encore dans nos poëtes que Jésus à sa naissance reposait sur le sein de Marie, comme un oiseau qui, le soir, se réfugie dans une fleur de nuit éclose au milieu de la mer. Quel rapport remarquable avec le mythe de la naissance de Brama, enfermé dans le lis des eaux, le lotus, jusqu'au jour où la fleur fut ouverte par les rayons du soleil, c'est-à-dire par Vischnou lui-même, qui avait produit cette fleur (Voyez Mayer et Kanne)! Le Christ, le nouveau jour, est né de la nuit, c'est-à-dire de Marie la Noire, dont les pieds reposent sur la lune, et dont la tête est couronnée de planètes comme d'un brillant diadème (voyez les tableaux d'Albert Dürer). Ainsi reparaît, comme dans l'ancien culte, cette grande divinité, appelée tour à tour Maïa Bhawani, Isis, Cérès, Proserpine, Persephone. Reine du ciel, elle est la nuit d'où sort la vie, et où toute vie se replonge; mystérieuse réunion de la vie et de la mort. Elle s'appelle aussi la rosée, et dans les mythes allemands, la rosée est considérée comme le principe qui reproduit et redonne la vie. Elle n'est pas seulement la nuit, mais, comme mère du soleil, elle est aussi l'aurore devant qui les planètes brillent et s'empressent, comme pour *Persephone*. Lorsqu'elle signifie la terre, comme Cérès, elle est représentée avec la gerbe de blé, de même que Cérès a sa couronne d'épis : elle est Persephone, la graine de semence; comme cette déesse, elle a sa faucille; c'est la demi-lune qui repose sous ses pieds. Enfin, comme la déesse d'Éphèse, la triste

Cérès et Proserpine, elle est belle et brillante, et cependant sombre et noire, selon l'expression du Cantique des Cantiques : *Je suis noire, mais pleine de charmes; le soleil m'a brûlée* (le Christ). Encore aujourd'hui l'image de la mère de Dieu est noire à Naples, comme à Einsiedeln en Suisse. Elle unit ainsi le jour et la nuit, la joie avec la tristesse, le soleil et la lune (chaleur, humidité), le terrestre et le céleste.

PAGE 46. — *Les fleurs...* — Les minnesinger chantent les fleurs sans jamais se lasser, et commencent toujours par parler de la beauté des forêts et de leurs joyeux concerts. On pourrait, à l'exemple de l'Edda, qui appelle avec tant de grâce l'hiver, *le deuil, la souffrance et la misère des oiseaux*, comprendre les sujets de la plupart des chants d'amour en deux classes, l'été et l'hiver : la joie, le réveil, la vie des oiseaux et des fleurs, et le deuil, la langueur, le sommeil et la mort des fleurs et des oiseaux. — Sur la signification des fleurs et des feuilles, voy. Grimm., Altd. W. 4 Heft, d'après un manuscrit du quinzième siècle, dont l'auteur était peut-être du pays de Cologne, des bords de la Moselle, ou bien encore de la Flandre, de la Champagne, de la Picardie, patrie des *Rederiker* ou *Rhétoriciens* du moyen âge, qui parlaient aussi beaucoup des fleurs. Nous trouvons ici des règles fixes et positives sur la manière dont les amants portaient les feuilles et les fleurs, par leur choix, ou par l'ordre de leurs dames. — « *Chêne*. Celui qui porte des feuilles de chêne, annonce par là sa force, et fait entendre que rien ne peut rompre sa volonté. Mais s'il les porte par l'ordre de sa dame, c'est un signe qu'il ne faut point s'attaquer à lui, car le bois de chêne est plus dur que tout autre bois. — *Bouleau*. Celui qui se choisit de lui-même un seul maître, et souffre volontiers les châtiments qu'il lui impose, qu'ils soient doux ou rigoureux, celui-là doi porter le bouleau sans feuille ; celui à qui l'on ordonne de les porter doit comprendre par là qu'on ne veut pas lui montrer trop de rigueur, et que, cependant, on veut toujours le tenir sous la verge. — *Châtaignier*. Celui à qui son amour devient de jour en jour plus cher et qui plaît à sa dame, celui-là doit porter des châtaignes qui sont piquantes ; et plus elles sont piquantes, mieux elles valent. — *La bruyère*. Celui qui choisit la bruyère avec ses feuilles et ses fleurs, montre que son cœur aime la solitude comme la bruyère qui naît volontiers dans les lieux déserts, et n'habite point dans le voisinage des autres plantes. S'il reçoit l'ordre de la porter, c'est un avis pour lui de n'avoir des sentiments que pour sa belle, de bien veiller sur lui, et de placer en haut lieu son amour et sa joie, comme la bruyère qui s'élève avec ses semblables sur les montagnes et sur les rochers, quoique peu noble par elle-même. — *Bluet.* Celui dont le cœur volage ne sait point lui-même où il doit s'arrêter et fixer son inconstance, celui-là doit porter des bluets, jolie fleur bleue, mais qui blanchit et ne sait point conserver sa couleur. — *Rose.* Celui qui aime en son amie la crainte du péché et l'innocence, et qui la défend contre lui-même, celui-là doit porter la rose avec ses épines.

Page 46. — *Puérile et profonde...* — Voyez le charmant recueil intitulé : *des Knaben Wunderhorn,* le cor merveilleux de l'enfant. La plupart de ces chants populaires, si doux, si inspirés de calme et de solitude, me restent dans le cœur et dans l'oreille, à l'égal des plus délicieux chants de berceau que j'aie entendus jamais sur les genoux de ma mère. Je n'ose en rien traduire.

Page 46. — *Le Parceval d'Eschenbach...* — Dût le lecteur en sourire, je citerai tout au long le morceau de Grimm (Alt. W. 1 h.) sur le Parceval. « Le noble héros, dont la jeunesse simple et naïve comme l'enfance, sans cesse enfermée et tenue sous les yeux d'une mère trop craintive, résiste encore à la voix secrète qui l'appelle tous les jours plus fortement au service de Dieu; Parceval est piqué des reproches de Sigunen, et se rend dans la ville des miracles à travers les forêts et les déserts. Un matin, au point du jour, la neige lui cache son chemin, il dirige son cheval à travers les buissons et les pierres; bientôt la blanche forêt brille aux rayons du soleil, il approche d'une plaine où venait de s'abattre une troupe d'oies sauvages : un faucon fond sur elles et en blesse une; elle s'élève dans les airs, mais de ses blessures tombent sur la neige trois larmes de sang; objet de douleur pour Parceval et pour son amour. — Lorsqu'il vit sur la neige toute blanche ces gouttes de sang, il se dit : Qui donc avec tant d'art a peint ces vives couleurs! Condviramurs, cette couleur peut se comparer à la tienne. Dieu me protége, il veut que je trouve ici ton image. Dieu soit loué, et toutes ces créatures! Condviramurs, voilà ton incarnat! La neige prête au sang sa blancheur, et le sang rougit la neige. C'est l'image de ton beau corps. Les yeux du héros sont humides de pleurs, il songe au jour où deux larmes coulaient sur les joues de Condviramurs, et la troisième sur son menton. — Cette comparaison secrète l'occupe et l'absorbe tout entier, il ne sait plus ce qui se passe autour de lui; il reste immobile dans son attitude rêveuse, comme s'il dormait. Un chevalier envoyé vers lui l'appelle, il ne répond point, ne bouge pas; enfin celui-ci le pousse rudement en bas de son cheval. En se relevant, il marche sur les gouttes de sang et ne les voit plus; alors il revient à lui-même, renverse le chevalier importun, puis, sans perdre une seule parole, il retourne vers les gouttes de sang, et les contemple de nouveau.

« Un second chevalier n'est pas plus heureux.

« Le troisième est plus sage: voyant que Parceval ne répond pas à son salut poli et discret, il comprend qu'il est sous le charme de l'amour, et cherche sur quel objet sont arrêtés ses regards immobiles. Il prend alors une fleur sauvage et la laisse tomber sur les gouttes de sang. A peine la fleur les a-t-elle couvertes et cachées, que le héros revient à lui-même, et demande seulement avec douleur qui lui a ravi sa dame!

« C'est nous montrer d'une manière à la fois touchante et singulière combien il aime la femme qu'il a voulu quitter lui-même, pour Dieu et la chevalerie. Dans un monde désert et lointain, un souvenir d'elle le surprend tout à coup comme un songe pénible auquel la force seule peut l'arracher. A la même place où il a vu les gouttes sur la neige, s'élève la tente où il revoit cinq ans après son épouse chérie, dormant dans sa couche avec deux enfants jumeaux qu'il ne connaissait pas encore. Sous les trois gouttes de sang, il reconnaît les trois larmes qu'il avait vues un jour sur le visage de Condviramurs; il ne savait pas qu'elles lui prédisaient aussi sa femme avec deux enfants dans ses bras, comme trois perles brillantes...

« Dans l'ancien poëme français de Chrétien de Troyes, Gauvin, l'ami du héros, ne jette pas de fleurs sur les gouttes de sang. La neige se fond insensiblement aux rayons du soleil; déjà deux gouttes se sont effacées, et Parceval est moins rêveur : la troisième disparaît peu à peu, et Gauvin croit qu'il est temps de le saluer. C'est l'image du temps, à la fois cruel et bienfaisant, qui, paisible comme le soleil, dissipe comme lui les joies et les douleurs de l'homme. »

Suit l'indication d'une foule de passages relatifs à l'opposition du rouge (naissance), du blanc (vie, pureté), et du noir (mort).

PAGE 48. — *Avec ses conséquences immorales.* — En attaquant ces conséquences et le danger de cette doctrine pour la liberté, je ne m'en dissimule point le caractère profondément poétique. Il faut le dire, cet hymen de l'esprit et de la matière, de l'homme et de la nature, les agrandit et les enchante l'un par l'autre. *L'esprit divin,* dit Schelling, *dort dans la pierre, rêve dans l'animal, est éveillé dans l'homme.* L'homme est le verbe du monde, la nature ayant conscience d'elle-même, et reconnaissant son identité, il s'y retrouve en toute chose, et sent à son tour respirer en lui l'univers; partout la vie réfléchit la vie. *Ne vivent-ils pas ces monts et ces étoiles? Les ondes, n'est-il pas en elles un esprit? Et ces grottes en pleurs, n'ont-elles pas un sentiment dans leurs larmes silencieuses?* (Byron.) Lorsque préoccupé de ces idées, on parcourt les forêts et les vallées désertes, c'est je ne sais quelle douceur, quelle sensualité mystique d'ajouter à son être l'air, les eaux et la verdure, ou plutôt de laisser aller sa personnalité à cette avide nature qui l'attire et qui semble vouloir l'absorber. La voix de la syrène est si douce, que vous la suivriez, comme le pêcheur de Gœthe, dans la source limpide et profonde, ou, comme Empédocle, au fond de l'Etna. *O mihi tùm quàm molliter ossa quiescant!*

C'est une chose merveilleuse à quel point cette doctrine s'est emparée de la rêveuse Allemagne, et infiltrée dans toute sa littérature. Vous en retrouverez l'influence dans presque tous les livres, dans l'art, dans la critique, dans la philosophie, dans les chansons. J'en connais une d'étudiants qui est fort belle; mais j'aime encore mieux citer la suivante composée en France dans la guerre de 1815. Au milieu de l'ardeur de la jeunesse, et de l'ivresse des combats, la pensée philosophique arrive bon gré, mal gré. « Rien au monde de plus gai, de plus rapide, que nous autres hussards sur le champ de bataille. L'éclair brille, le tonnerre gronde; rouges comme la flamme, nous tirons sur l'ennemi; le sang roule dans nos yeux, nous faisons tomber la grêle. — On nous crie : Hussards, tirez tous vos pistolets, frappez, le sabre à la main, fendez celui qui se trouve là. Vous ne comprenez pas le français ! que ça ne vous inquiète pas ! il ne parle plus sa langue quand vous lui coupez la tête. — Si le fidèle camarade restait sur le champ de bataille, les hussards ne s'en plaindraient pas. Le corps pourrit au tombeau, l'habit reste au monde, l'âme s'exhale en l'air, sous la voûte azurée. »

Page 48. — *Un bois, un pré, une fontaine.* — Ne pati quidem inter se junctas sedes. Colunt discreti ac diversi; ut fons, ut campus, ut nemus placuit, etc. Taciti Germ. 16.

Page 49. — *La bonne Nuremberg...* — Cette coutume d'orner les maisons de belles sentences tirées de l'Écriture, est répandue par toute l'Allemagne. J'ai cité Nuremberg, parce que nulle ville n'a mieux conservé son aspect antique. C'est le Pompéi du moyen âge.

Page 50. — *Les cerfs venant boire sous le balcon des électeurs.* — J'ai cédé ici à une double tentation, au plaisir de parler de cette charmante petite ville d'Heidelberg, qui laisse à tous ceux qui l'ont visitée tant de souvenirs et de regrets, et d'en parler dans les termes mêmes d'un grand écrivain qui m'est bien cher, le traducteur d'Herder, l'auteur du *Voyage en Grèce*, Edgar Quinet.

Page 50. — *Que de fois l'Allemagne s'est soulevée? mais c'était pour retomber bientôt.....* — Si l'on veut une image de ceci, il n'en est pas de plus fidèle que le Rhin. Vrai symbole du génie de la contrée, il en réfléchit l'histoire, tout aussi bien que les arbres et les rochers de ses rives. Sorti comme un torrent de la nuit des Alpes, il s'endort dès le lac de Constance. Il s'élance de nouveau par un lit déchiré de rochers, s'emporte et tombe furieux à Schaffouse ; sa chute fait trembler la Souabe et la Suisse. Ne craignez rien; il est déjà calmé. Il roule alors, large et profond comme les Nibelungen dont il traverse le théâtre. Resserré à Bingen, le fleuve héroïque perce sa route entre des géants de basalte, à travers tous les châteaux qui dominent ses rives, et qui quelquefois semblent être descendus armés de toutes pièces pour lui défendre le passage (*à Pfalz*).

Enfin quand il a salué l'inachevable cathédrale de Cologne, las et désabusé des nobles efforts, il se laisse aller le long des plaines prosaïques des Pays-Bas, et si ses rives retentissent encore, c'est d'une déclamation de quelque Rederiker flamand, du chant uniforme d'un Baenkelsænger, d'un poëte charpentier ou forgeron, qui va martelant son œuvre de Cologne jusqu'à la Hollande. Le Rhin arrive ainsi en face de l'Océan, et s'y évanouit sans regret. C'est encore ici l'image de l'Allemagne se résignant à s'absorber dans l'unité absolue de Schelling. Heureuse de se reposer dans l'infini, elle fait entendre en Gœthe et Gœrres un dernier son poétique.

Page 51. — *En Islande, les dieux mourront comme nous.....* — Voy. Geïers Schwedens Geschichte. Il n'existe encore qu'un volume de la traduction allemande. J'attends aussi avec une vive impatience la publication de l'important ouvrage de M. J.-J. Ampère, sur la *Littérature du Nord*. Ce livre préparé par tant de voyages et d'études variées et profondes, va révéler tout un monde au public français.

Page 51. — *Du vivant de Luther, à sa table même, commença le mysticisme.....* — On connaît peu Luther. Avec ce col de taureau, cette face colérique (voyez les beaux portraits de Lucas Cranach), et cette violence furieuse dans le style, c'était une âme tendre, très-sensible à la musique, aussi accessible à l'amitié qu'à l'amour. Rien ne lui fut plus douloureux que de voir jusque dans sa maison ses disciples les plus chéris abandonner sa doctrine, ou plutôt la pousser à ses conséquences extrêmes avec une inflexible logique. Dans ses attaques contre Rome, il avait écrit : *Périsse la loi! vive la grâce!* Pouvait-il se plaindre après cela que les luthériens inclinassent au mysticisme? Lui-même, dans la première moitié de sa vie, avait été prodigieusement mystique.

Page 51. — *Qui devait triompher en Bœhme...* — Cordonnier à Gœrlitz, mort en 1624. Saint-Martin a traduit trois de ses ouvrages : *L'Aurore naissante, les Trois Principes*, et *la Triple Vie* ou *l'Éternel Engendrement sans origine*. 1802. Il se proposait de traduire les cinquante volumes de Bœhm. Plusieurs passages de ce théosophe sont de la plus haute poésie; par exemple, tout le commencement du deuxième volume des *Trois Principes*.

Je ne puis m'empêcher de terminer ces notes sur l'Allemagne, en citant quelques vues de madame de Staël, toutes frappantes de sagacité et de justesse. Ces observations sur la société allemande d'aujourd'hui reçoivent une merveilleuse confirmation de l'ancienne littérature de ce peuple, que l'auteur n'a pas connue. — « C'est un certain bien-être physique, qui, dans le midi de l'Allemagne, fait rêver aux sensations, comme dans le nord aux idées. L'existence végétative du midi de l'Allemagne a quelques rapports avec l'existence contemplative du nord : il y a du repos, de la paresse et de la réflexion dans l'une et l'autre. — Les farces tyroliennes, qui amusent à Vienne les grands seigneurs comme le peuple, ressemblent beaucoup plus à la bouffonnerie des Italiens qu'à la moquerie des Français. — Celui qui ne s'occupe pas de l'univers, en Allemagne, n'a vraiment rien à faire. — Il faut, pour que les hommes supérieurs de l'un et de l'autre pays atteignent au plus haut point de perfection, que le Français soit religieux, et que l'Allemand soit un peu mondain. — Il y a plus de sensibilité dans la poésie anglaise, et plus d'imagination dans la poésie allemande. Les Allemands, plus indépendants en tout, parce qu'ils ne portent l'empreinte d'aucune institution politique, peignent les sentiments comme les idées, à travers des nuages : on dirait que l'univers vacille devant leurs yeux; et l'incertitude même de leurs regards multiplie les objets dont leur talent peut se servir.— On a vu souvent chez les nations latines, une politique singulièrement adroite dans l'art de s'affranchir de tous les devoirs; mais on peut le dire à la gloire de la nation allemande, elle a presque l'incapacité de cette souplesse hardie, qui fait plier toutes les vérités pour tous les intérêts, et sacrifie tous les engagements à tous les calculs. — Les poêles, la bière et la fumée de tabac, forment autour des gens du peuple, en Allemagne, une sorte d'atmosphère lourde et chaude dont ils n'aiment pas à sortir. Quand le climat n'est qu'à demi rigoureux, et qu'il est encore possible d'échapper aux injures du ciel par des précautions domestiques, ces précautions mêmes rendent les hommes plus sensibles aux souffrances physiques de la guerre. — L'imagination, qui est la qualité dominante de l'Allemagne artiste et littéraire, inspire la crainte du péril, si l'on ne combat pas ce mouvement naturel par l'ascendant de l'opinion et l'exaltation de l'honneur. — Les Français, opposés en ceci aux Allemands, considèrent les actions avec la liberté de l'art, et les idées avec l'asservissement de l'usage. — Comme il y a chez les Allemands plus d'imagination que de vraie passion (dans l'amour), les événements les plus bizarres s'y passent avec une tranquillité singulière ; cependant, c'est ainsi que les mœurs et le caractère perdent toute consistance ; l'esprit paradoxal ébranle les institutions les plus sacrées, et l'on n'y a sur aucun sujet des règles assez fixes. »

PAGE 52. — ITALIE. — *Celle-ci peut alléguer la langueur du climat, les forces disproportionnées des conquérants,* etc. — Mais la meilleure excuse de cette malheureuse contrée, c'est que sa fatale beauté a toujours irrité les désirs et le brutal amour de tous les peuples barbares. Les géants de glace que la nature a placés à ses portes, comme pour la défendre, ne lui ont servi de rien. Les conquérants n'ont jamais été rebutés par l'extrême difficulté du passage. Naguère encore, on descendait le mont Cenis par une pente si rapide, qu'elle portait le traîneau du voyageur à deux lieues en dix minutes.

On peut franchir les Alpes de côté, par la Savoie et par l'Allemagne, ou au centre par la Suisse. Ce dernier passage, celui du Simplon, est court et brusque. Du triste Valais où vous laissez les hommes du Nord, les chalets de bois bariolés, vous tombez à Milan, au milieu du bruit, de la brillante lumière, de l'agitation italienne, au milieu des orangers et des maisons de marbre. Le Simplon est la porte triomphale de l'Italie. L'artiste et le poëte choisiront ce passage. L'historien entrera plutôt par l'orient ou l'occident; ce sont en effet les deux routes que les armées et les grandes émigrations ont suivies. Les Gaulois, Hannibal, Bonaparte; une foule d'armées françaises passèrent par le mont Cenis ou le Saint-Bernard; les Goths d'Alaric et de Théodoric, les Allemands d'Othon le Grand, de Frédéric Barberousse, et de tant d'empereurs, entrèrent par les défilés du Tyrol.

Aujourd'hui encore, lorsqu'on voit cette terrible barrière des Alpes, on frémit en songeant à ce que les hommes ont autrefois osé et souffert pour pénétrer dans ce jardin des Hespérides. Hannibal, entré dans les Alpes avec cinquante mille hommes, en sortit avec vingt-cinq mille. N'importe, toutes les nations du monde ont voulu camper à leur tour sur cette terre, jouir de ses fruits et de son ciel, sauf à y trouver leur tombeau. Les Gaulois y cherchaient la vigne, les Normands le citronnier. Louis XII et François Ier y usèrent leur vie et leur peuple pour recouvrer *leur belle fiancée*, comme ils appelaient Naples ou Milan. Les Goths croyaient y retrouver leur Asgard, la cité mystérieuse et fortunée d'où, selon eux, leurs ancêtres avaient été exilés. Alaric assurait qu'une invincible fatalité l'entraînait vers Rome, en sortant de laquelle il devait mourir.

C'est qu'en effet la nature a placé sur cette terre d'invincibles séductions : *Je me persuade,* dit Gœthe (Mémoires), *que j'y suis né, et que j'y reviens après un voyage en Groënland pour la pêche de la baleine.*— Kennst du das land, etc.

> Connais-tu le pays où sous un noir feuillage
> Brille comme un fruit d'or le fruit du citronnier ? etc.

(Gœthe. Wilhelmmeister. Dans l'élégante traduction de M. Toussenel).

C'est encore une des séductions de l'Italie, que presque partout le péril s'y trouve à côté du plaisir. A peine échappé aux glaciers et aux avalanches, vous rencontrez les îles Borromées et les enchantements du lac Majeur. Les riches plaines du Pô sont à peine protégées par des digues contre les envahissements du plus fougueux des fleuves. La Maremme de Toscane, la campagne de Rome sont aussi remarquables par leur fertilité que par leur insalubrité meurtrière. *Dans la Maremme*, dit le proverbe toscan, *on s'enrichit en un an, et l'on meurt en six mois.* — Le Vésuve..... (Voy. mon *Histoire Romaine*, chap. 2).

PAGE 53. — *L'Italien fait descendre Dieu à lui, y cherche un objet d'art...* et dans les cérémonies même du culte, il y réussit souvent avec un génie admirablement dramatique. A Messine, le jour de l'Assomption, la Vierge, portée par toute la ville, cherche son fils, comme la déesse de la Sicile antique cherchait Proserpine. Enfin, quand elle est au moment d'entrer dans la grande place, on lui présente tout à coup l'image du Sauveur. Elle tressaille et recule de surprise, et douze oiseaux qui s'envolent de son sein portent à Dieu l'effusion de la joie maternelle. — Comment le cruel M. Blunt n'a-t-il vu là qu'une momerie ridicule? (Vestiges of ancient manners and customs discoverable in modern Italy and Sicily; by the reverent John James Blunt, fellow of John's college, Cambridge, and late one of the travelling bachelors of that university. London. J. Murray, 1825; in-8°, pag. 158.)

PAGE 54. — *Les prières et les formules augurales sont de véritables contrats avec les Dieux...* — On lit dans les inscriptions : Ædem tempestatibus dedit *merito...* Pompeius votum *merito* Minervæ. — *Solvere* vota indique l'accomplissement d'un contrat. — La formule du vœu d'un *Ver sacrum* (Tit. Liv., lib. XXII), et celle du consul Licinius contre Antiochus (Tit. Liv. XXXVI), sont de véritables contrats avec Jupiter. — Servius ad Æn. III (ad versum : Da pater augurium). — *Legum dictio* appellatur, cùm conditio ipsius augurii certâ nuncupatione verborum dicitur, quali conditione augurium peracturus sit... tunc enim quasi *legitimo* jure *legem* adscribit. — Varron nous a conservé la formule augurale par laquelle on choisit l'emplacement du Capitole (dans mon *Histoire Romaine,* liv, 1ᵉʳ).

Page 54. — *Pour trouver les plus beaux raisins, pour rattraper un oiseau perdu.....* Cic. de Divinatione. — Ainsi, chez les Romains dont on vante la gravité, la religion fut souvent un objet aussi peu sérieux qu'elle l'est pour les Italiens d'aujourd'hui.

Page 54. — *Les papes furent des légistes... mieux que vous autres gens de loi.* — Ce mot est de Philippe de Valois qui, en 1333, envoyait au pape Jean XXII la décision de l'Université de Paris, sur une question de dogme : Mandans sibi à latere, quatenùs sententiam magistrorum de Parisiis, qui melius sciunt quid debet teneri et credi in fide quàm juristæ et alii clerici, qui parùm aut nihil sciunt de theologiâ, approbaret, etc. Cont. chron. Guil. de Nangis, p. 97. Le roi alla plus loin, selon Pierre d'Ailly (Concil. eccl. Gall. 1406) ; il fit dire au pape qui favorisait l'opinion condamnée par l'Université : « qu'il se révoquast, ou qu'il le feroit ardre. »

Page 54. — *Pontifex.* — Pontifices ego à ponte

arbitror ; nam ab iis Sublicius est factus primum, et restitutus sæpe, cum ideo sacra et uls et cis Tiberim non mediocri ritu fiant. Varro, de Linguâ lat. IV, 15.

PAGE 55. — *Les monuments étrusques...*—Voyez le grand ouvrage d'Inghirami, l'Atlas de Micali (l'Italia avanti, etc.), *Die Etrusker, von Otfried Müller*, etc.

PAGE 55. — *Beaucoup d'églises, mais c'étaient les lieux où se tenaient les assemblées...*, et le théâtre d'une foule de crises politiques. Julien de Médicis et Jean Galeas Sforza furent poignardés dans des églises. — Entre autres passages qui font vivement sentir ce caractère politique des églises du moyen âge, voyez dans notre Ville-Hardoin l'admirable scène où les envoyés des croisés implorent à genoux et avec larmes, le secours du peuple de Venise assemblé dans Saint-Marc. On pourrait citer aussi une foule de passages des Villani. — Le Duomo de Pise, Santa Maria del fiore à Florence, et toutes les vieilles églises italiennes dont je me souviens, n'ont pas de tribunes : c'est que de là on eût dominé l'assemblée du peuple souverain.

PAGE 55. — *Architectes de Strasbourg, pour fermer*

les voûtes de la cathédrale de Milan. — La lettre autographe existe, datée de 1481. Voy. Fiorillo, t. 1.

PAGE 55. — *Jamais ce qui constitue la féodalité elle-même, la foi de l'homme en l'homme.* — Voyez dans l'histoire romaine et au moyen âge, avec quelle facilité les clients et les vassaux se tournent contre leurs patrons et leurs seigneurs.

PAGE 56. — *Il sait mourir... mais mourir pour une idée.....* — Je ne puis m'empêcher de rapporter ici (Voy. Sismondi, Rép. it. t. XI, ch. 84, 1476) l'admirable récit du meurtre de Galeas Sforza, qui a été dicté entre la question et le supplice, par le jeune Girolamo Olgiati, l'un de ceux qui avaient fait le coup. Les Milanais ne pouvaient plus endurer cet exécrable tyran qui se plaisait à faire enterrer ses victimes toutes vivantes, ou à les faire mourir lentement en les nourrissant d'excréments humains. Trois jeunes gens, Olgiati, Lampugnani et Visconti (celui-ci était prêtre), jurèrent de venger leurs injures et de délivrer la patrie. Leur première conférence eut lieu dans le jardin de la basilique de Saint-Ambroise : « J'entrai ensuite dans le temple; je me jetai aux pieds de la statue du saint pontife, et lui adressai cette prière : Grand saint

Ambroise, soutien de cette ville, espérance et gardien du peuple de Milan, si le projet que tes concitoyens ont formé, pour repousser d'ici la tyrannie, l'impureté et les débauches monstrueuses, est digne de ton approbation, sois-nous favorable au milieu des dangers que nous courons pour délivrer notre pays. Après avoir prié, je retournai auprès de mes compagnons, et je les exhortai à prendre courage, les assurant que je me sentais rempli d'espérance et de force, depuis que j'avais invoqué le saint protecteur de notre patrie. Pendant les jours qui suivaient, nous nous exerçâmes à l'escrime avec des poignards, pour acquérir plus d'agilité, et nous accoutumer à l'image du péril que nous allions braver... La sixième heure de la nuit avant le jour de saint Étienne, désigné pour l'exécution, nous nous rassemblâmes encore une fois, comme pouvant ne plus nous revoir. Nous arrêtâmes l'heure, le rôle de chacun, et tous les détails de l'exécution, autant qu'on pouvait prévoir. Le lendemain, de grand matin, nous nous rendîmes dans le temple de saint Étienne ; nous suppliâmes ce saint de favoriser la grande action que nous devions accomplir dans son sanctuaire, et de ne point s'indigner si nous souillions de sang ses autels, puisque ce sang devait accomplir la délivrance de la ville et de la patrie. A la suite des prières qui sont contenues dans le rituaire de ce premier des martyrs, nous en récitâmes une autre qu'avait composée Charles Visconti; enfin, nous assistâmes au service de la messe, célébrée par l'archiprêtre de cette basilique; puis, je me fis donner les clefs de la maison de cet archiprêtre pour nous y retirer. » Les conjurés étaient dans cette maison auprès du feu, car un froid violent les avait fait sortir de l'église, lorsque le bruit de la foule les avertit de l'approche du prince. C'était le lendemain de Noël, 26 décembre 1476. Galeas, qui semblait retenu par des pressentiments, ne s'était déterminé qu'à regret à sortir de chez lui. Il marchait cependant à la fête, entre l'ambassadeur de Ferrare et celui de Mantoue. Jean-André Lampugnani s'avança au-devant de lui, dans l'intérieur même du temple, jusqu'à la pierre des Innocents. De la main et de la voix il écartait la foule. Quand il fut tout près de lui, il porta la main gauche, comme par respect, à la toque que Galeas tenait à la main; il mit un genou en terre, comme s'il voulait lui présenter une requête, et en même temps de la droite, dans laquelle il tenait un court poignard caché dans sa manche, il le frappa au ventre de bas en haut. Olgiati, au même instant, le frappa à la gorge et à la poitrine, Visconti à l'épaule et au milieu du dos. Sforza tomba entre les bras des deux ambassadeurs qui marchaient à ses côtés, en criant : *Ah Dieu !* Les coups avaient été si prompts, que ces ambassadeurs eux-mêmes ne savaient pas encore ce qui s'était passé. Au moment où le duc fut tué, un violent tumulte s'éleva dans le temple : plusieurs tirèrent leurs épées ; les uns fuyaient, d'autres accouraient, personne ne connaissait encore le but ni les forces des conjurés. Mais les gardes et les courtisans, qui avaient reconnu les meurtriers, s'animèrent bientôt à leur poursuite. Lampugnani, en voulant sortir de l'église, se jeta dans un groupe de femmes qui étaient à genoux ; leurs habits s'engagèrent dans ses éperons : il tomba, et un écuyer maure du duc l'atteignit et le tua. Visconti fut arrêté un peu plus tard, et fut aussi tué par les gardes. Olgiati sortit de l'église et se présenta chez lui ; mais son père ne voulut pas le recevoir, et lui ferma les portes de sa maison. Un ami lui donna une retraite, où il ne fut pas longtemps en sûreté. Il était, dit-il lui-même, sur le point d'en sortir, et d'appeler le peuple à une liberté que les Milanais ne connaissaient plus, lorsqu'il entendit les vociférations de la populace, qui traînait dans la boue le corps déchiré de son ami Lampugnani : glacé d'horreur, et perdant courage, il attendit le moment fatal où il fut découvert. Il fut soumis à une effroyable torture; et c'était avec le corps déchiré, et les os disloqués, qu'il composa la relation circonstanciée de sa conspiration qu'on lui demandait, et qui nous est restée. Il la termine en ces termes :

« A présent, sainte mère de notre Seigneur, et vous, ô princesse Bonne ! (*la veuve de Galéas*), je vous implore pour que votre clémence et votre bonté pourvoient au salut de mon âme. Je demande, seulement, qu'on laisse à ce corps misérable assez de vigueur pour que je puisse confesser mes péchés suivant les rites de l'Église, et subir mon sort. »

Olgiati était alors âgé de vingt-deux ans; il fut condamné à être tenaillé et coupé, vivant, en morceaux. Au milieu de ces atroces douleurs, un prêtre l'exhortait à se repentir. « Je sais, reprit Olgiati, que j'ai mérité, par beaucoup de fautes, ces tourments, et de plus grands encore, si mon faible corps pouvait les supporter. Mais quant à la belle action pour laquelle je meurs, c'est elle qui soulage ma conscience : loin de croire que j'ai par elle mérité ma peine, c'est en elle que je me confie pour espérer que le juge suprême me pardonnera mes autres péchés. Ce n'est point une cupidité coupable qui m'a porté à cette action, c'est le seul désir d'ôter du milieu de nous un tyran que nous ne pouvions plus supporter. Si je devais dix fois revivre pour périr dix fois dans les mêmes tourments, je n'en consacrerais pas moins tout ce que j'ai de sang et de forces à un si noble but. » Le bourreau, en lui arrachant la peau de dessus la poitrine, lui fit pousser un cri, mais il se reprit aussitôt. « Cette mort est dure, dit-il en latin, mais la gloire en est éternelle ! *Mors acerba, fama perpetua, stabit vetus memoria facti.* » (Confessio Hieronymi Olgiati morientis, apud. Ripamontium, Hist. mediol. l. vi, p. 649.)

Page 56. — *Génie passionné, mais sévère... monde artificiel de la cité...* — Je n'ignore pas les objections qu'on peut tirer de l'état actuel de l'Italie ; mais je dois ici caractériser chaque peuple par l'ensemble de son développement et de son histoire. Aujourd'hui même tout ce que j'ai dit subsiste pour qui ne voit pas toute l'Italie dans la douceur florentine, la sensualité milanaise, et la langueur de la baie de Naples.

Page 57. — *L'indestructible droit romain.....* — Voyez dans le 3ᵉ vol. de Gans (Erbrecht), avec quelle puissance ce droit a lutté contre l'esprit des Goths, des Lombards et des Francs. L'influence même des papes l'a moins modifié qu'on ne serait tenté de le croire. Le catholicisme, dit l'ingénieux auteur, est en Italie comme un dôme vu de tout le pays, vers lequel on se tourne quand on veut prier, et qu'on ne remarque plus quand on fait autre chose. — L'ouvrage que prépare M. Forti (de Florence), nous fera connaître d'une manière plus complète encore le curieux développement du droit romain sous la forme italienne du moyen âge. Je place la plus grande espérance dans les travaux de ce jeune et savant jurisconsulte. Ce n'est pas en vain qu'on porte dans ses veines le sang des Sismondi.

PAGE 57. — *Cardan et Tartaglia......, et page 63, Campanella et l'infortuné Bruno.* — Nulle part la destinée n'a été plus cruelle pour le génie qu'en Italie. Cela s'explique par la contradiction d'une forte personnalité, froissée et brisée sous le joug de la cité ou de l'Église. On sait les infortunes du Dante, et l'inélégante et douloureuse épitaphe qu'il s'est faite lui-même pour son tombeau de Ravenne :

> Hic condor Dantes, patriis extorris ab oris,
> Quem genuit parvi Florentia mater amoris.

Tous les grands hommes de l'Italie ont su, comme lui, ce que c'est *que de monter et descendre l'escalier de l'étranger, et goûté combien il y a de sel dans le pain d'autrui.*—Campanella, ce moine héroïque qui voulait armer tous les couvents de la Calabre, et traitait avec les Turcs pour délivrer son pays des Espagnols, passa vingt-sept ans dans un cachot. Les sonnets qu'il y composa, et que nous avons encore, montrent combien la captivité avait été impuissante pour briser cette âme forte. Il parvint enfin à en sortir, se réfugia en France, et y mourut ami du cardinal Richelieu, qui le consultait souvent dans son couvent de la rue Saint-Honoré.

Tartaglia reçut ce nom ridicule (*tartaglia*, qui bégaie), parce qu'à l'âge de douze ans, il fut sabré par les Français au sac de Brescia, dans une église où sa mère avait cru trouver un asile. Le coup fendit la lèvre; s'il eût porté plus haut, c'était fait du restaurateur des mathématiques.

Cardan, entre autres infortunes, eut celle de voir son fils exécuté comme empoisonneur. La vie de cet homme extraordinaire, écrite par lui-même, est inférieure pour le style, mais non pour l'intérêt des observations psychologiques, aux Confessions de saint Augustin, de Montaigne et de Rousseau.

13

Que dire de l'existence douloureuse et de la mort horrible du pauvre Giordano Bruno? On ne peut voir sans émotion, dans un portrait contemporain, la douce et souffrante figure (voy. en tête de sa Vie, par Silber et Rixner) de cet homme que l'on traqua par toute l'Europe comme une bête sauvage. Après avoir erré de Genève à Wittemberg, et de Paris à Londres, le pauvre italien voulut encore revoir le soleil de sa patrie, et se fit prendre à Venise. On sait qu'il fut condamné comme athée à Rome, et périt sur le bûcher. On pourrait blâmer dans sa doctrine une tendance immorale; mais comment l'accuser d'athéisme? Cet athée nous a laissé une foule de poésies religieuses, entre autres un beau sonnet dans le genre de Pétrarque, *à l'amour*. Par ce mot il entend toujours l'amour divin.

PAGE 57. — *Coloris vénitien, grâce lombarde...* — La Lombardie, celtique d'origine, placée entre la France et l'Italie, entre le mouvement et la beauté, s'exprime en peinture par *la beauté du mouvement*, par la grâce. — L'école vénitienne se distingue par le coloris, les écoles florentine et romaine par le dessin ; ainsi la peinture va de Venise à Naples perdant de son caractère concret et se spiritualisant pour ainsi dire ; elle atteint dans Salvator Rosa le plus haut degré d'abstraction et de spiritualisation. Les tableaux de ce grand artiste n'ont ni l'éclat du coloris, ni la sévérité du dessin, mais ils sont pleins de vie et de traits ingénieux. — L'école de Bologne, venue après toutes les autres, est un admirable éclectisme.

L'art italien a perdu de bonne heure le génie symbolique, étouffé presqu'à sa naissance par le sentiment de la forme, par l'adoration de la beauté physique. L'Allemagne, au contraire, ne voit dans l'art qu'un symbolisme; tout entière à l'idée, elle traite la forme comme un accessoire. De là cette honnête laideur répandue presque partout dans l'art allemand ; mais le charme de la beauté morale y est souvent si pénétrant, que l'âme dément le jugement des yeux. Quand l'Allemagne unit la forme et l'idée, elle égale alors ou surpasse l'Italie. Qui décidera entre les vierges de Cologne et celles du *Campo-Santo* de Pise ?

Je n'ai conservé de l'Italie aucun souvenir, aucun regret plus vif que de cette ville de Pise. Florence est bien splendide, Rome bien majestueuse et bien tragique ; mais avec tout cela il me semble qu'il serait doux de vivre et de mourir à Pise, et de dormir au

Campo-Santo. Ce n'est pas seulement, je l'avoue, parce que la terre en a été apportée de Jérusalem sur je ne sais combien de galères : mais cette architecture arabe est si légère, ces marbres noirs et blancs s'harmonisent si doucement par leurs belles teintes jaunâtres avec le ciel et la verdure ; et cette tour de marbre se penche avec un air si compatissant sur la pauvre vieille ville qui n'a conservé rien autre de sa splendeur. Ah ! les pierres ont là un sentiment et une vie. Dans ce cloître, où tant de figures mystiques me regardaient d'un œil scrutateur, je remarquai entre les antiques tombeaux étrusques, et ceux des croisés italiens, la statue pensive de l'allemand Henri VII, le chevaleresque et religieux empereur qui fut empoisonné dans la communion, et mourut plutôt que de rejeter l'hostie.

Page 59. — *L'agrimensor et l'augure mesuraient et orientaient les champs... le juriste et le stratégiste.* — Voy. mon Histoire Romaine, et le Recueil de Gœsius. — Au jugement de Sylla lui-même, Marius était un des plus habiles agriculteurs du monde.

Page 59. — *L'Italien donne son nom à sa terre.* — Villæ Tullianæ à Tusculum, Formies, Arpinum, Calvi,

Puteoli, Pompeii, etc. Aujourd'hui l'on recherche curieusement les ruines de ces villas de Cicéron. La villa Manzoni n'excitera pas moins l'intérêt des voyageurs à venir.

Page 59. — *Les fondateurs de l'architecture militaire...* — Castriotto et Félix Paciotto, du duché d'Urbin, qui construisirent les fameuses citadelles d'Anvers et de Turin. — On connaît le grand ouvrage classique sur l'architecture militaire du Bolonais Marchi. — Un autre bolonais, Ant. Alberti, donna la première idée des cadastres.

Page 60. — *Jugez donc aussi la France par les canuts de Lyon.* — C'est le nom qu'on donne dans cette ville à cette race dégénérée qui végète dans les manufactures, surtout dans celles de soie.

Page 61. — *La perpétuité du génie italien, des temps anciens aux temps modernes...* — Voy. sur ce sujet l'ouvrage de Blunt, cité plus haut, et celui de Carlo Denina (in-8°, 1807, Milan). — On peut consulter aussi la lettre du docteur Middleton, à la suite de la *Conformité des cérémonies* du P. Mussard. Amsterdam, 1744, 2 vol. in-12.

Page 61. — *Le costume est presque le même...* — Juv., Sat. xiv, 186; iii, 170.— Plin., Hist. N. ix, xxxiii, 1.—*Rues étroites...* Juv. iii, 236.— *Prandium à midi, la sieste et la promenade du soir...* Suet., Aug., 78.— Plin. Jun. ep. iii, 5. — Plin., Hist. N. vii, 44 ; x, 8. — Mart. vi, 77, 10.— Suet. Aug. 43.— Colum. præf.

Page 62. —*L'improvisateur... qu'il s'appelle Stace, Dante ou Sgricci...* Juven. vii, 85. — On montre encore, en face de la cathédrale de Florence, la pierre où s'asseyait Dante au milieu du peuple (*Sasso di Dante*). J'en veux à ceux qui ont mis cette pierre vénérable parmi les dalles d'un trottoir : il faut se détourner pour ne pas marcher dessus. Dante déclamait encore ses vers, ainsi que Pétrarque, au *Poggio impériale,* à la porte de la ville, du côté de Rome.

Page 62. — *Les* filosofi *de Naples... les* litterati *en plein vent...* F. J. L. Meyer. Darstellungen aus Italien, 1784-5? —Suet. de ill. gr. — Aul. G. ii, 5.

Page 62. — *La charrue est celle que décrit Virgile...* —*L'incumbere aratro* a toujours été mis en pratique. Une médaille d'Enna représente le laboureur monté sur une planche au-dessus du soc, pour l'enfoncer par son poids. Hunter's medals, plat. 25.

Page 63. — *Le type sauvage des Brutiens...* — Séjour d'un officier français en Calabre, 1820, p. 242. — Si l'on en croyait le témoignage du comte de Zurlo, cité par Niebuhr, le grec serait encore parlé aujourd'hui aux environs de Locres. Il est bien entendu qu'il ne s'agit point des colonies albanaises.

Page 63. — *Au midi, l'idéalisme, la spéculation et les Grecs; au nord, le sensualisme, l'action et les Celtes...* — Voy. plus bas une des notes relatives à la France. — On reproche entre autres choses aux Italiens d'être bruyants et grands parleurs; ceci ne peut guère s'appliquer qu'aux Italiens du nord et du midi, c'est-à-dire aux Celtes de la Lombardie, et aux Grecs du royaume de Naples.

Page 63. — *Bergame, patrie d'Arlequin...* — Arlequin et Polichinelle peuvent prétendre à une antiquité bien autrement reculée, s'il est vrai qu'on a trouvé des figures tout à fait analogues dans les hypogées étrusques.

Page 64. — *Le nom mystérieux de Rome...* — Le

nom mystérieux de Rome était *Eros* ou *Amor;* le nom sacerdotal, *Flora* ou *Anthusa;* le nom civil, *Roma.* Voy. Plin., H. N. III, 5; Münter, De occulto urbis Romæ nomine, n° 1 de ses Mémoires sur les antiquités.

PAGE 64. — *Questa provincia pare nata a risuscitare le cose morte...* — Machiav. Arte della guerra. L. VIII, sub fin.

PAGE 66. — *La seule exportation de Rome, c'est la terre, les haillons et les antiquités...* — Je parle de la pouzzolane qu'on vient chercher de loin à Rome, et dont on fait un ciment inaltérable. On exporte aussi beaucoup de chiffons, qui servent à envelopper pendant l'hiver les arbres délicats, vignes et orangers. Quant aux antiquités, il y a à Rome un marché où les paysans viennent à jour fixe vendre ce qu'ils ont trouvé en fouillant la terre pendant la semaine. Les médailles, figurines, etc., s'y vendent comme les fruits, les légumes et autres produits du sol.

PAGE 66. — *Le préteur et le tribun recueillant la sportula de porte en porte...* — On sait que c'était la corbeille d'aliments que les grands de Rome faisaient distribuer à leur porte aux clients qui venaient les saluer... Voy. Martial III, 7, 2. Suet. Claud. 32, et le beau passage de Juvénal :

> Nunc sportula primo
> Limine parva sedet, turbæ rapienda togatæ.
> Ille tamen faciem priùs inspicit, et trepidat ne
> Suppositus venias, ac falso nomine poscas.
> Agnitus accipies : jubet à præcone vocari
> Ipsos Trojugenas, nam vexant limen et ipsi
> Nobiscum : da Prætori, da deinde Tribuno.
> Sed libertinus prior est : prior, inquit, ego adsum, etc.

PAGE 66. — *Toujours le porc...* — Polybe parle déjà du grand nombre de porcs qu'on élevait en Italie, *soit pour la consommation journalière, soit pour les provisions de guerre* (lib. II). — La viande dont on faisait plus tard des distributions au peuple, était fournie par les troupeaux de porcs à l'entretien desquels les empereurs réservaient les forêts de chênes de la Lucanie.

PAGE 66. — *De combats de taureaux.* — Ce n'est guère qu'à Rome, à Spolète et dans la Romagne, que le peuple prend plaisir à ces combats. Ils sont inconnus à Naples, malgré le long séjour des Espagnols. Remarquons en passant que, dans cette dernière ville, toute corrompue qu'elle est, le meurtre est aussi rare qu'il est commun à Rome. Naples a toujours quelque chose de la douceur du sang grec.

PAGE 66. — *Le coup de couteau est un geste naturel à Rome...* — Un abbé tue un homme ; le peuple s'écrie : *Poverino ! ha ammazzato un uomo !* la compassion est pour le meurtrier. Après une fête, Meyer trouva à l'hôpital de la Consolation, cent soixante hommes blessés de coups de couteau.

PAGE 66. — *Mort au seigneur abbé...* — Che la bella principezza sia ammazata ! che il signore abate sia ammazzato ! — *Et des rois dans la foule...* Je ne parle pas seulement d'illustres voyageurs, comme le roi actuel de Bavière et tant d'autres ; mais des rois habitants de Rome, de Christine, des Stuarts, du prince Henri de Prusse, des Napoléons, etc.—Rome est toujours un lieu de refuge.—Ses églises sont ouvertes aux brigands, comme l'asile de Romulus. — La rencontre d'un cardinal sauve un condamné du supplice, comme autrefois celle d'une Vestale... — *Qu'il y a dans l'air de cette ville quelque chose d'ora-*

geux, d'immoral et de frénétique... Hoffmann a placé à Rome le théâtre de quelques-uns de ses contes fantastiques.

Page 66. — *Urbanitas... Solitude des environs de Rome... La guerre vivant d'elle-même.* Voy. sur tout ceci mon Histoire Romaine.— *César fut déjà chargé de dessécher les marais Pontins.* (Dion, Plut. Suet. 44. Cicéron se moque de l'entreprise, Philipp. 3.)

Pour terminer ces rapprochements entre l'Italie ancienne et celle des temps modernes, nous ajouterons quelques détails sur certaines croyances qui se sont perpétuées.— Les gens de la campagne de Rome craignent toujours la magicienne Circé, et ne risquent guère de pénétrer dans l'antre du Circeio (Bonstetten, Voyage sur le théâtre de l'Énéide). Les Romains savent bien que la belle Tarpéïa est au fond d'un vieux puits du Capitole, assise et toute couverte de diamants (Niebuhr). J'avoue que j'ai cherché inutilement sur les lieux le puits et la tradition. — Tous les Sabelliens, et surtout les Marses, interprétaient les présages, en consultant particulièrement le vol des oiseaux. Les Marses charmaient les serpents et guérissaient leurs morsures. Aujourd'hui les jongleurs viennent encore des mêmes contrées à Rome et à

Martial. 1. Ep.

Naples. — Les *Giravoli* des environs de Syracuse prétendent, comme les anciens Psylles, guérir la morsure des serpents par leur salive. Ils portent un serpent dans leurs mains comme les statues d'Esculape et d'Hygie. — Le peuple du royaume de Naples attribue aujourd'hui à San Domenico di Cullino, ce que ses ancêtres attribuaient à Médée. (Micali, Italia, etc., et Grimaldi ; Annali del R. di Napoli, t. IV, p. 328, 38.)

Dans l'ancienne Rome, quatre cent vingt temples; dans la moderne, plus de cent cinquante églises. Le temple de Vesta est maintenant l'église de la Madone du Soleil ; celui de Romulus et Remus est devenu l'église de Côme et Damien, frères jumeaux. On croit que le temple de Salus a fait place à l'église de San Vitale. Près de Lavinium (Pratica), est la chapelle de S. Anna Petronilla, sur le même bord du Numicius, où se précipita Anna Perenna, sœur de Didon, qui revint, sous la forme d'une vieille femme, nourrir le peuple romain sur le mont Sacré. Dans le Forum Boarium, près de la place de l'Ara Maxima, où l'on jurait (Mehercle), se trouve l'église de Santa-Maria in Cosmedin, mieux connue du peuple sous le nom de Bocca della Verita.

Page 69. — *Le parti allemand ou gibelin...* — Si un guelfe veut se faire tyran, dit Matteo Villani, il faut qu'il change et se fasse gibelin.

Page 70. — *Le radicalisme de l'Église romaine...* — J'espère un jour prouver et éclaircir ce que je me contente d'énoncer ici.

Page 72. — *Fatalités locales de races et de climats...* — Le principe si fécond de la persistance des races a été, je crois, mis pour la première fois dans tout son jour, par le D. Edwards. J'espère que tôt ou tard, cet illustre physiologiste exposera avec plus d'étendue ses idées sur le croisement des races. Lui seul peut-être est capable d'élever cette partie de la physiologie à une forme scientifique, parce que seul il tiendra compte d'un élément trop négligé de ceux qui se livrent à ces études. L'anatomie et la chimie combinées ne sont pas encore la physiologie. D'éléments identiques sortent des produits divers ; le mystère de la vie propre et originale varie les résultantes à l'infini. De la combinaison de l'hydrogène et du carbone résultent l'huile et le sucre. Du mélange celto-latino-germanique sortent la France et l'Angleterre.

FRANCE. PAGE 75. — *Originalités provinciales...* — J'ai toujours trouvé un spectacle attachant dans ces générations incessamment renouvelées, que l'enseignement fait comparaître chaque année devant mes yeux, qui bientôt m'échappent et s'écoulent, et pourtant me laissent chacune quelque intéressant souvenir. A l'École Normale surtout ce spectacle me frappait vivement. Les élèves qui nous venaient de toutes les provinces, et qui en représentaient si naïvement les types, offraient dans leur réunion un abrégé de la France. C'est alors que j'ai commencé à mieux comprendre les nationalités diverses dont se compose celle de mon pays. Pendant que je contais à mes jeunes auditeurs les histoires du temps passé, leurs traits, leurs gestes, les formes de leur langage, me représentaient à leur insu une autre histoire bien autrement vraie et profonde. Dans les uns je reconnais les races ingénieuses du Midi, ce sang romain ou ibérien de la Provence et du Languedoc, par lequel la France se lie à l'Italie et à l'Espagne, et qui doit un jour réunir sous son influence tous les peuples de langue latine. D'autres me représentaient cette dure race celtique, l'élément résistant de l'ancien monde, ces têtes de fer avec leur poésie vivace et leur nationalité insulaire sur le continent. Ailleurs, je retrouvais ce peuple conquérant et disputeur de la Normandie, le plus héroïque des temps héroïques, le plus industrieux de l'époque industrielle. Quelques-uns, dans leur instinct historique, caractérisaient la bonne et forte Flandre, pays de beaux faits et de beaux récits, qui donnait tour à tour à Constantinople des historiens et des empereurs. D'autre part, les yeux bleus et les têtes blondes me faisaient songer avec espoir à cette Allemagne française, jetée comme un pont entre deux civilisations et deux races. Enfin l'absence de caractère indigène, les traits indécis, la prompte aptitude, la capacité universelle, me signalaient Paris, la tête et la pensée de la France.

PAGE 77. — *L'épée rapide...* — C'est le Gernot des Nibelungen.— Partout où il y a des coups d'épées à donner et à recevoir, je parierai qu'il y a un Français. A la bataille de Nicopolis, les croisés prisonniers trouvèrent près de Bajazet un Picard, qui, avant d'être avec les Turcs, avait servi Tamerlan. Aujourd'hui le général des armées de la Cochinchine, est un de nos compatriotes. — Le Français est ce *méchant enfant* que caractérisait la bonne mère de Duguesclin, *celui qui bat toujours les autres.* Dans l'histoire de nos mouvements populaires, on a oublié un élément essentiel qui n'appartient qu'à ce pays, le *gamin*. Laissez grandir cet enfant insouciant et intrépide ; s'il n'est énervé de trop bonne heure, ce polisson pourra sauver la patrie. — A une époque militaire, formé, discipliné, trempé comme l'acier, par la fatigue et par l'action de tous les climats, le *gamin* finit par devenir le terrible soldat de la garde, le *grognard* de Bonaparte, jugeant son chef et le suivant toujours. Dans les deux types du *gamin* et du *grognard* est tout le génie militaire de la France.

PAGE 80. — *C'est le peuple législateur des temps modernes.....* — La science du droit a deux patries, Rome et la France ; deux époques, le second siècle et le seizième ; deux maîtres, Papinien et Cujas. Du temps de ce dernier, les Allemands se découvraient quand on prononçait son nom (Voy. sa vie par Berryat-Saint-Prix). De nos jours, chez le même peuple, l'*École historique* a relevé les autels de Cujas. —Dès le treizième siècle, la France était regardée avec l'Italie comme le pays du droit. Un vieux poëte allemand qui a parcouru tous les pays *welches* et infidèles, énumère les singularités de chaque contrée : *Je n'ai pas voulu*, dit-il, *étudier la magie sous les nécromanciens de Dol ; mais pour Vienne en Dauphiné, je dirais combien il y a de légistes.* (Le Tanhuser, cité par Gœrres. Alt. Volks-Und-Meisterlieder, aus den H. der Heidelberger Bibliothek, 1817.)

Page 81. — *Il faut voir dans les vieilles chroniques tout ce que font nos gens...* Voy. par exemple l'*Histoire de Jean de Paris, roi de France,* imprimée à Troyes, ainsi que tant d'autres livres populaires. C'est probablement la plus forte gasconnade que possède aucun peuple.

Page 82. — *La littérature de la France est l'éloquence et la rhétorique..... Peuple rhéteur et prosateur.* — Tout cela est vrai en général. La poésie d'images manque à la France ; mais je suis loin de lui refuser la poésie de mouvements qui est encore de l'éloquence.

Je ne puis quitter ce sujet sans remarquer combien les anciens avaient été frappés de l'instinct rhéteur et du caractère bruyant des Gaulois. *Nata in vanos tumultus gens* (Tit. Liv. à la prise de Rome). Les crieurs publics, les trompettes, les avocats, étaient souvent Gaulois. *Insuber, id est, mercator et præco* (Cic. fragm. or. in Pisonem). Voyez aussi tout le discours *pro Fonteïo. Pleraque Gallia duas res industrio*

sissimè persequitur, virtutem bellicam et argutè loqui (Cato in Charisio? Je cite de mémoire). Ἀπειληταί, καὶ ἀνατατικοί, καὶ τετραγῳδημένοι. Diod. Sic. lib. IV.
— Dans les assemblées politiques des Gaulois, les orateurs s'obstinaient souvent à ne point céder la parole. Alors, un huissier, après avoir deux fois commandé le silence, s'approchait du récalcitrant l'épée à la main, et lui coupait un pan de sa saie, assez grand pour que le reste devînt inutile — (ὅσον ἄχρηστον ποιῆσαι τὸ λοιπόν. Strab. VI, p. 197).

Les *Rederiker* ou *rhétoriciens* des Pays-Bas imitaient la France, et non l'Allemagne (Grimm. über die Meistergesang). La Belgique avoua par ce mot même ce que la France pensait, sans se l'expliquer : la littérature, c'est la rhétorique. Dans les *chambres des rhétoriciens*, le poëte était mis à genoux, et devait terminer son œuvre avant de se relever. Ces conditions ridicules montrent, ainsi que la métrique prodigieusement compliquée des troubadours, que les uns et les autres étaient, avant tout, préoccupés du mérite de la difficulté vaincue.

PAGE 84. — *Louis le Débonnaire...* — « Encore, écrivait Charles le Chauve en parlant de ses frères, s'ils m'avaient cité au tribunal des évêques, mes juges naturels.» Sans les invasions des Normands qui obligèrent la France de prendre un caractère militaire et féodal, la domination des évêques continuait.

Page 85. — *Prêtres et rois s'avisent de créer les communes, et de chercher en elles une armée antiféodale...* — Tùm communitas in Franciâ popularis statuta est à præsulibus, ut presbyteri comitarentur regi ad obsidionem vel pugnam, cum vexillis et parochianis omnibus, Orderic. Vital. pag. 836. ed. Duchesne.

Page 85. — *En même temps que tombent les priviléges locaux des communes, commencent les États-généraux...* — Députés du tiers-état appelés à l'assemblée des barons, en 1302. De 1320 à 1575, suppression des communes de Laon, Soissons, Meulan, Tournai, Douai, Péronne, Neuville, Roye, etc.

Page 87. — *Pour adversaire du chef de la féodalité, de l'Empereur, la France élève et soutient le pontife de Rome...* — En 1162, l'archevêque de Cologne, chancelier de Frédéric Barberousse, haranguant la diète assemblée à Besançon, appelait les rois de France et d'Angleterre, *rois provinciaux.* Saxo Gramm. l. 14. —

L'empereur Henri VI eût voulu exiger du roi de France un serment de fidélité. Innoc. III, ep. 64. — Les moines d'Allemagne jouaient dans les couvents une pièce, où tous les rois de la terre se soumettaient à l'Empereur ; le roi de France résistait avec le secours de l'antechrist. Thesaur. Anecdot., t. 2, p. III, p. 187.

PAGE 87. — *Confisquer le pontificat...* — Voyez plus haut dans une des notes relatives à l'Italie, quelle tyrannie Philippe le Bel et Philippe de Valois exercèrent sur les papes, pendant leur séjour à Avignon. La maison de France qui disposait de l'autorité du saint-siége, qui possédait le royaume de Naples, et réclamait celui d'Arragon, excitait alors la haine et la jalousie de toute l'Europe. Édouard Ier et Édouard III furent regardés comme les vengeurs de la chrétienté. On peut juger de l'animosité des Italiens par le fameux morceau de Dante où il fait parler Hugues Capet. Le poëte pousse la violence aveugle de l'invective, jusqu'à faire dire au fondateur de la troisième race qu'il était fils d'un boucher de Paris.

> I' fui la radice della mala pianta
> Che la terra Cristiana tutta aduggia,
> Si che buon frutto rado se ne schianta,

Ma se Doaggio, Guanto, Lilla et Bruggia
Potesser, tosto ne saria vendetta :
Ed i' la cheggio a lui che tutto giuggia.

Chiamato fui di là Ugo Ciapetta :
Di me son nati i Filippi, et i Luigi
Per cui novellamente è Francia retta :

Figliuol fui d'un beccajo di Parigi.
Quando li regi antichi venner meno
Tutti, fuor ch'un renduto in panni bigi,

Trovami stretto nelle mani il freno
Del governo del regno et tanta possa
Di nuovo acquisto, e sì d'amici pieno,

Ch' alla corona vedova promossa
La testa di mio figlio fu, dal quale
Cominciar di costor le sacrate ossa.

Mentre che la gran dote Provenzale
Al sangue mio non tolse la vergogna,
Poco valea, ma pur non facea male.

Lì cominciò con forza et con menzogna
La sua rapina ; et poscia per ammenda
Ponti et Normandi presse e la Guascogna

Carlo venne in Italia et per ammenda
Vittima fe' di Corradino, et poi
Ripinse al ciel Tommaso per ammenda.

Tempo vegg'io non molto dopo ancoi,
Che tragge un altro Carlo fuor di Francia
Per far conoscer meglio et se et et i suoi.

Senz'arme n'esce, et solo con la lancia
Con la qual giostrò Guida, et quella ponta,
Si ch'a Fiorenza fu scoppiar la pancia.

Quindi non terra, ma peccato ed onta
Guadagnerà per se, tanto più grave
Quanto più lieve simil danno conta.

L'altro che già usù presso di nave,
Veggio vender sua figlia et patteggiarne,
Come fanno i Corsar dell' altre schiave.

O avarizia che puoi tu più farne,
Poi ch' hai il sangue mio a te si tratto
Che non si cura della propria carne?

Perchè men paja il mal futuro e'l fatto,
Veggio in Alagna entrar lo fiordaliso,
E nel vicario suo Cristo esser catto.

Veggiolo un altra volta esser deriso :
Veggio rinnovellar l'aceto e'l fele,
E tra vivi ladroni essere anciso.

Veggio'l nuovo Pilato si crudele
Che ciò nol sazia, ma senza decreto
Porta nel tempio le cupide vele.

O signor mio, quando sarò io lieto
A veder la vendetta que nascosa
Fa dolce l'ira tua nel tuo segreto ?

(DANTE. *Purg.* xx.)

PAGE 87. — *C'était au douzième siècle un dicton en Provence...* — Voy. Sismondi, Littératures du midi de l'Europe.

PAGE 87. — *Le roi de France est présenté comme un roi citoyen.* — « En France, dit Fleury, tous les particuliers sont libres (*il veut dire, sans doute, en comparaison du reste de l'Europe*); point d'esclavage ; liberté pour domiciles, voyages, commerce, mariages, choix de profession, acquisitions, dispositions de biens, successions. » — Voici un passage très-singulier de Machiavel, où il juge de même : « Il y a eu beaucoup de rois et très-peu de bons rois : j'entends parmi les souverains absolus, au nombre desquels on ne doit point compter les rois d'Egypte, lorsque ce pays, dans les temps les plus reculés, se gouvernait par les lois, ni ceux de Sparte; *ni ceux de France,* dans nos temps modernes, le gouvernement de ce royaume étant de notre connaissance le plus tempéré par les lois. » Disc. sopr. Tit. Liv. I, c. 8.— « Le royaume de France, dit-il ailleurs, est heureux et tranquille, parce que le roi est soumis à une infinité de lois qui font la sûreté des peuples. *Celui qui constitua ce gouvernement,* voulut que les rois disposassent à leur gré des armes et des trésors ; mais, pour le reste, il les soumit à l'empire des lois. » Disc. I, 16. — Comines, liv. v, c. 19. « Y a-t-il roi ni seigneur sur terre qui ait pouvoir, outre son domaine, de mettre un denier sur ses sujets, sans octroi et consentement de ceux qui le doivent payer, sinon par tyrannie et violence?... Notre roi est le seigneur du monde, qui le moins a cause d'user de ce mot : *J'ai privilége de lever sur mes sujets ce qui me plaît,* car ni lui ni autre l'a : et ne lui font nul honneur ceux qui ainsi le dient, pour le faire estimer plus grand. »

PAGE 88.—*De désobéir sous peine de désobéissance...*

— Cet ordre, donné par Louis XII au parlement, a été renouvelé plus d'une fois en d'autres termes. Cela n'est point contradictoire. Il y a dans un même prince, deux personnes : le roi et l'homme. Le premier défendait d'obéir au second.

Page 88. — *L'Angleterre explique la France, mais par opposition...* — Voy. dans l'*Histoire de la Guerre de la Péninsule,* par le général Foy, tom. 1er, un tableau admirablement contrasté des armées française et anglaise.

Page 88. — *L'orgueil humain personnifié...* les *races n'y sont pas mêlées, ni les conditions rapprochées... l'école satanique...* — La formule la plus vraie d'un objet très-complexe, doit négliger de nombreuses exceptions ; c'est parce qu'elle néglige les exceptions, qu'elle est une formule et une formule vraie. L'Angleterre s'efforce certainement de sortir de l'état que j'ai décrit; mais la peine qu'elle a pour y parvenir, prouve mes assertions. La prise en considération du bill de réforme a été décidée par la majorité *d'une seule voix...* En religion, je vois bien que l'Angleterre fait d'incroyables efforts pour croire. Les uns se cramponnent à la lettre, à la Bible; les autres se laissent conduire à l'esprit, au travers des déserts et des précipices. Les nations elles-mêmes se trompent souvent sur l'état de leur foi religieuse. A coup sûr, le siècle de Louis XIV croyait croire ; Bossuet triomphait dans la chaire, mais derrière le triomphateur murmurait le triste Pascal qui seul avait la pensée du temps, et voyait toujours l'abîme entre Montaigne et Voltaire. — Pour l'Angleterre, sa pensée est constatée par son invariable prédilection pour les trois poëtes que j'ai nommés. Sa poésie a trois actes *le doute, le mal et le désespoir*. Shakespeare ouvre la terrible trilogie. Dès que l'Angleterre se reconnaît, après les guerres de France, celles des Roses, et la Réforme, son premier cri est une amère ironie sur ce monde. Shakespeare réfléchit l'univers, moins Dieu. Placée aux extrémités de l'Occident, l'Angleterre a moins ressenti qu'aucun peuple le souffle oriental. Sa littérature est la plus occidentale, la plus *héroïque*, c'est-à-dire la plus vouée à l'orgueil du *moi*. Le développement occidental a atteint son terme dans Fichte, Byron, et la révolution française. Le moment du retour va commencer. Déjà la race germanique venue de l'Inde, y est retournée sur les vaisseaux de l'Angleterre. Bonaparte, si français, si italien, sympathise pourtant déjà avec l'Orient, surtout avec le radicalisme mahométan.— La fatalité a poussé l'humanité d'Orient en Occident, aujourd'hui nous revenons par notre volonté vers l'Orient. L'Inde anglaise fera pour l'Asie, ce que l'Inde antique a fait pour l'Europe.

PAGE 88. — *Cette vie effrénée de courses et d'aventures... rois de la mer, du monde sans lois et sans limites...* — La possession de l'élément aride (ἀτρυγέτοιο θαλάσσης) a toujours donné cet orgueil farouche. Il éclate dans Eschyle; mais l'individu était trop serré dans la cité grecque pour qu'il atteignît tout son développement. Ajoutez que la marine grecque était fort timide; ceux qui ne perdaient guère la terre de vue, qui apercevaient un beau temple à chaque promontoire, étaient sans cesse avertis des dieux. Au contraire, sur l'Océan sans bornes, sans témoin..... le pirate de Byron, et le premier volume de Thierry (*Conquête de l'Angleterre*, etc.), sont le vrai commentaire de tout ceci.

PAGE 89. — *L'égoïsme...* — L'égoïsme se produit tantôt par l'avidité des jouissances, tantôt par l'orgueil qui les dédaigne. De là la tendance si prosaïque de l'industrialisme anglais, à côté d'une poésie si sublime. — Ceci explique pourquoi dans la molle Toscane, dans l'industrielle Florence, s'éleva Michel-Ange, dont l'inspiration semble avoir été la colère et le dédain.

Page 90. — *Mal, sois mon bien...* —

>Evil, be thou my good !.....
>Down to bottomless perdition.....
>
>Milton, *Paradise lost.* B. iv, v, 110; B. i, v. 17.

Page 90. — *Le Gallois chante avec le retour d'Arthur et de Bonaparte...* — Voy. Thierry, Conquête de l'Angleterre, 4ᵉ vol.

Page 91. — *Les aristocraties guerrières et iconoclastes de la Perse et de Rome...* — Plutarque (Vie de Numa) nous apprend que les Romains n'adorèrent point d'images dans les premiers siècles. — J'ai indiqué ailleurs quelques autres analogies de la Perse et de Rome.

Page 91. — *Celui qui dit toujours, non...* — Voy. le discours du Schah ?..... dans Saint-Martin, Histoire d'Arménie.

Page 94. — *Vulgaire, prosaïque... je m'appelle légion...* — Ceux qui trouveront ceci un peu dur, doivent se rappeler que dans notre langue et dans nos mœurs, c'est un ridicule inexpiable d'être ce qu'on appelle *original*.

Page 96. — *Comme les races non mélangées boivent avidement la corruption...* — Pour ne citer qu'un exemple, voyez comme nos Mérovingiens s'abâtardissent en peu de temps. Ils en viennent au point que les derniers meurent presque tous à vingt ans.

Page 98. — *Et puisse ce mot s'entendre en Italie....* — Il y a été trop entendu peut-être. Infortunée Bologne! dans quel état ce livre va-t-il vous trouver en passant les Alpes? Hélas! une ville française de cœur! pour qui Dante rêvait la suprématie de l'esprit et du langage dans l'Italie!

Page 100. — *Que l'enfant quitte sa mère...* — Voici le sombre et décourageant tableau que trace de ce moment solennel l'Ossian de la philosophie allemande :

« Après le dernier éclat jeté par la peinture, après
« que Shakespeare eut fermé la porte du ciel, vint

« pour longtemps le repos des morts. L'Antechrist
« était né... La terre s'était suspendue au ciel comme
« le nourrisson au sein de sa mère; devenue forte,
« il était temps qu'elle s'en séparât; la réformation
« se chargea de la sevrer. L'esprit de la terre en
« fouille aujourd'hui les entrailles partagées entre
« l'or et le fer; il y cherche le bézoard qui doit le
« guérir; la pâleur de la mort est sur son visage;
« les douleurs travaillent ses os; comment songerait-
« il aux chants et aux sons de la lyre ?... Il est tou-
« chant de voir que les poëtes ne veulent point cé-
« der; toute feuille a jauni; chaque souffle des vents
« en jonche la terre, et l'enfant de la poésie, s'obsti-
« nant sur son rameau, chante toujours ses plaintes,
« ses espérances; et le soleil s'abaisse toujours da-
« vantage, et les nuits viennent de plus en plus lon-
« gues, et les froides et sombres puissances entrent
« de plus en plus dans la vie... »

PAGE 101. — *Comme Werner...* — C'est plutôt, je crois, Jean-Paul (Richter).

PAGE 102. — *Voilà quarante ans qu'il a com-mencé...* — Il faut croire que pendant cette période si agitée, le temps n'a pas été perdu, même pour le bien-être. En 1789, la vie moyenne était de 28 ans et 3/4; en 1831, elle est de 31 ans et demi (*Annuaire du bureau des Longitudes*, 1831).

PAGE 102. — *L'ordre reviendra....* — Nulle part plus de propriétaires qu'ici; nulle part des prolétaires plus libres dans leur activité, et par conséquent plus à même de cesser d'être prolétaires; nulle part le besoin et l'instinct de la centralisation à un si haut degré. Faite pour agir sur le monde, la France aura plus longtemps qu'aucun peuple un pouvoir central; plus qu'aucun autre, elle est une personne politique; l'action exige la personnalité; la personnalité n'existe pas sans l'unité, nouvelle garantie pour l'ordre public.

PAGE 103. — *L'Athénien disait : Salut ! cité de Cécrops !...* — Je restitue ici le passage dans son entier. C'est peut-être le plus beau de Marc-Aurèle : Πᾶν μοι συναρμόζει, ὅ σοι εὐάρμοστόν ἐστι, ὦ κόσμε· οὐδέν μοι πρόωρον, οὐδὲ ὄψιμον, τὸ σοὶ εὔκαιρον· πᾶν καρπὸς ὁ φέρουσιν αἱ σαὶ ὧραι, ὦ φύσις· ἐκ σοῦ πάντα, ἐν σοὶ πάντα, εἰς σὲ πάντα. Ἐκεῖνος μέν φησι, πόλι φίλη Κέκροπος· σὺ δὲ οὐκ ἐρεῖς, ὦ πόλι φίλη Διός; — O monde, tout ce qui s'harmonise avec toi s'harmonise avec moi ! Pour moi, rien trop tôt, rien trop tard, qui soit à temps pour toi. O nature, quoi qu'apportent tes saisons, c'est toujours un fruit. Tout de toi, tout en toi, tout pour toi ! L'autre disait : *Chère cité de Cécrops !* et toi ne diras-tu pas : *O chère cité de Jupiter !* (Lib. IV, 23.)

PAGE 105. — *Le verbe social.....* — Le monde ancien avait légué pour testament au monde moderne deux mots d'une admirable profondeur : *La science est la démonstration de la foi* (Saint-Clément d'Alexandrie). — *L'homme, c'est la liberté* (Proclus). La destinée de l'homme fut d'aller par la liberté de la foi à la science. Or, la science elle-même, c'est le plus puissant moyen de la liberté ; la science popularisée, est le moyen de la liberté égale, de l'égalité libre, idéal dont le genre humain approchera de plus en plus, mais qu'il n'atteindra jamais ; de sorte qu'une autre vie soit toujours nécessaire pour achever le développement de l'homme.

PAGE 110. — *C'est en nous plaçant au sommet du Capitole...* — Cette belle image appartient à l'éloquent et ingénieux auteur de l'*Histoire du Droit de Succession*, que j'ai déjà cité. (*Gans, Erbrecht,* 1er vol.)

Page 110 — *Le génie de l'Italie et de la France... Rome est le nœud du drame...* Cette publication sera immédiatement suivie de celle de mon histoire d'Italie (première partie, *République romaine*). Qu'on me permette à cette occasion de faire connaître l'unité d'esprit qui a présidé jusqu'ici à mes travaux, et qu'on me pardonne si je suis obligé de dire un mot de moi. Dès qu'il s'agit de méthode, les questions s'agrandissent. Peu importent les individus.

Entré de bonne heure dans l'Enseignement (dès 1817) sans avoir eu l'avantage de suivre les cours de l'École Normale, il m'a bien fallu choisir moi-même une route. Bonne ou mauvaise, ma direction m'appartient. La nécessité où je me trouvai d'enseigner successivement, et souvent à la fois, la philosophie, l'histoire et les langues, me rendit sensible et toujours présente l'union intime des études d'idées et des études de faits, de l'idéal et du réel. Dans le premier enthousiasme que ce point de vue ne pouvait manquer d'inspirer à un jeune homme, j'avais conçu et préparé un *Essai sur l'histoire de la civilisation trouvée dans les langues*. Mais mes travaux sérieux et suivis n'ont commencé qu'en 1824, par un discours sur l'*Unité des sciences qui font l'objet de l'enseignement classique* (imprimé, mais non publié). — En 1827, je donnai en même temps un travail sur la philosophie de l'histoire, et quelques essais d'histoire ou de critique (*Principes de la philosophie de l'histoire, traduits de la* Scienza Nuova *de Vico; Précis de l'Histoire moderne; Vie de Zénobie,* dans la Biographie universelle, etc.); j'en fis autant en 1831 : le petit essai philosophique que termine cette note, sera suivi de divers travaux historiques d'une plus grande étendue. (L'*Histoire de la République romaine,* le *Précis d'Histoire de France,* et les deux premiers volumes de l'*Histoire de France,* ont paru depuis.)

Personne ne méconnaîtra la liaison qui existe entre la publication du Vico et celle-ci. Dans la philosophie de l'histoire, Vico s'est placé entre Bossuet et Voltaire qu'il domine également. Bossuet avait resserré dans un cadre étroit l'histoire universelle, et posé une borne immuable au développement du genre humain. Voltaire avait nié ce développement, et dissipé l'histoire comme la poussière au vent, en la livrant à l'aveugle hasard. Dans l'ouvrage du philosophe italien, a lui pour la première fois sur l'histoire, le dieu de tous les siècles et de tous les peuples, la Providence. Vico est supérieur même à Herder. L'humanité lui apparaît, non sous l'aspect d'une plante qui, par un développement organique, fleurit de la terre sous la rosée du ciel, mais comme système harmonique du monde civil. Pour voir l'homme, Herder s'est placé dans la nature ; Vico dans l'homme même, dans l'homme s'humanisant par la société. C'est encore par là que mon vieux Vico est le véritable prophète de l'ordre nouveau qui commence, et que son livre mérite le nom qu'il osa lui donner : *Scienza Nuova*.

FIN DES NOTES ET ÉCLAIRCISSEMENTS.

DISCOURS D'OUVERTURE

PRONONCÉ

A LA FACULTÉ DES LETTRES

Le 9 janvier 1834.

DISCOURS D'OUVERTURE

PRONONCÉ

A LA FACULTÉ DES LETTRES

Le 9 janvier 1834.

Messieurs,

C'est une chose grave de parler d'histoire dans un lieu si profondément historique. Ces murs qui me rappellent tant de souvenirs, cet auditoire réuni de toutes les parties de la France, m'accablent et troublent ma parole; en ce moment unique, en cet étroit espace, l'histoire m'apparaît immense et variée, dans toute la complexité des lieux et des temps. — Dès le treizième siècle, dès le règne de saint Louis, le nom de Sorbonne rappelle la grande école de la France, disons mieux, celle du monde; tout ce que le moyen âge eut d'illustre a siégé sur ces bancs. La subtilité hibernoise de Duns Scott, l'ardeur africaine de Raymond Lulle, l'idéaliste poésie de Pétrarque, tout s'y rencontra. Ceux qui ne purent reposer nulle part, l'auteur de la *Jérusalem*, et celui de la divine comédie, l'*Exilé de Florence*, le contemplateur errant des trois mondes, ils s'arrêtèrent ici un instant. Au dix-septième siècle, cette enceinte renouvelée par Richelieu fut témoin des premiers essais du Platon chrétien, de Mallebranche, et des rudes combats d'Arnaud. A deux pas de cette maison, furent élevés Fénélon, Molière et Voltaire. A l'ombre des murs extérieurs de cette chapelle, dans l'obscurité d'une petite rue voisine, écrivirent Pascal et Rousseau. Ici même, un étudiant, un jeune homme de vingt-cinq ans, M. Turgot, posa dans une thèse les véritables bases de la philosophie de l'histoire. L'histoire, Messieurs, celle de la philosophie, de la littérature, des événements politiques, avec quel éclat elle a été récemment professée dans cette chaire, la France ne l'oubliera jamais. Qui me rendra le jour où j'y vis remonter mon illustre maître et ami, ce jour où nous entendîmes pour la seconde fois cette parole simple et forte, limpide et féconde, qui, dégageant la science de toute passion éphémère, de toute partialité, de tout mensonge de fait ou de style, élevait l'histoire à la dignité de la loi?

Telle a été, Messieurs, des temps les plus anciens jusqu'au nôtre, la noble perpétuité des traditions qui s'attachent au lieu où nous sommes. Cette maison est vieille ; elle en sait long, quelque blanche et rajeunie qu'elle soit ; bien des siècles y ont vécu ; tous y ont laissé quelque chose. Que vous la distinguiez ou non, la trace reste, n'en doutez pas. C'est comme dans un cœur d'homme ! Hommes et maisons, nous sommes tous empreints des âges passés. Nous avons en nous, jeunes hommes, je ne sais combien d'idées, de sentiments antiques, dont nous ne nous rendons pas compte. Ces traces des vieux temps, elles sont en notre âme confuses, indistinctes, souvent importunes. Nous nous trouvons savoir ce que nous n'avons pas appris; nous avons mémoire de ce que nous n'avons pas vu; nous ressentons le sourd prolongement des émotions de ceux que nous ne connûmes pas. On s'étonne du sérieux de ces jeunes visages. Nos pères nous demandent pourquoi, dans cet âge de force, nous marchons pensifs et courbés. C'est que l'histoire est en nous, les siècles pèsent, nous portons le monde.

Je voudrais, Messieurs, analyser avec vous ces éléments complexes, qui nous gênent d'autant plus que nous les démêlons à peine, saisir tout ce qu'il y a d'antique dans celui qui est né d'hier, m'expliquer à moi, homme moderne, ma propre naissance, me raconter mes longues épreuves pendant les cinq derniers siècles, reconnaître ce pénible et ténébreux passage par où, après tant de fatigues, je suis parvenu au jour de la civilisation, de la liberté.

Grave, solennel, laborieux sujet! il s'agit de dire comment l'homme, perdu dans l'obscure impersonnalité du moyen âge, s'est révélé à soi-même, comment l'individu a commencé de compter pour quelque chose et d'exister en son propre nom. Plus d'esclave, plus de serf! l'esclave c'est désormais la matière, domptée, asservie par l'industrie humaine. L'antiquité rabaissa l'homme au rang de chose; l'âge moderne élève la nature, elle l'ennoblit par l'art, elle l'humanise. Une société plus juste s'appuie sur la base de l'égalité. L'ordre civil est fondé, la liberté conquise... et qu'on vienne nous l'arracher!...

Ce qu'il en a coûté à nos pères, pour nous amener là! l'histoire aura beau faire, nous ne le saurons jamais. Tant d'efforts, de sang, de ruines!... On a bien tenu compte des moments dramatiques, des combats, des révolutions; mais les longs siècles de souffrance; les misères extrêmes du peuple, ses jeûnes sans fin, ses effroyables douleurs pendant les guerres des Anglais, pendant les guerres de religion, dans la guerre de Trente ans, dans celles de Louis XIV, ce qu'on en a dit est bien peu de chose. Nous jouissons de tout, nous les derniers venus. Tous les siècles ont travaillé pour nous. Le quatorzième, le quinzième, nous ont assuré une patrie; ils ont sué la sueur et le sang; ils ont chassé l'Anglais; ils nous ont fait la France. Le seizième, pour nous donner la liberté religieuse, a subi cinquante ans d'horribles petites guerres, d'escarmouches, d'embûches, d'assassinats, la guerre à coups de poignard, à coups de pistolet. Le dix-huitième la fit à coups de foudre, et cependant il créait la société où nous vivons encore; création soudaine; le père n'y plaignit rien; où quelque chose manquait, il s'ouvrait la veine, et donnaît à flots de son sang... Ainsi, chaque âge contribua ; tous souffrirent, combattirent, sans s'inquiéter si cela leur profiterait à eux-mêmes. Ils moururent sans prévoir... Nous qui savons, Messieurs, nous qui cueillons les fruits de leur labeur, bénissons-les, et travaillons de telle sorte que nous soyons bénis à notre tour « de ceux qui appelleront ce temps *le temps antique*. »

Ce fut une solennelle époque dans l'histoire que l'an 1300, ce moment où Boniface VIII proclama son jubilé, comme pour signaler par cette pompeuse solennité la fin de la domination pontificale sur l'Europe. Il y eut grande foule à Rome ; on compta les pélerins par cent mille, et bientôt il n'y eut plus moyen de compter ; ni les maisons ni les églises ne suffirent à les recevoir ; ils campèrent par les rues et les places sous des abris construits à la hâte, sous des toiles, sous des tentes, et sous la voûte du ciel. On eût dit que, les temps étant accomplis, le genre humain venait par devant son juge dans la vallée de Josaphat. Le grand poëte du moyen âge, Dante était alors à Rome ; ce spectacle ne fut pas perdu pour lui. Le pape avait appelé à Rome tous les vivants ; le poëte convoqua dans son poëme tous les morts ; il fit la revue du monde fini, le classa, le jugea. Le moyen âge, comme l'antiquité, comparut devant lui. Rien ne lui fut caché. Le mot du sanctuaire fut dit et profané. Le sceau fut enlevé, brisé ; on ne l'a pas retrouvé depuis. Le moyen âge avait vécu ; la vie est un mystère, qui périt lorsqu'il achève de se révéler. La révélation, ce fut la *Divina Commedia*, la cathédrale de Cologne, les peintures du Campo-Santo de Pise. L'art vient ainsi terminer, fermer une civilisation, la couronner, la mettre glorieusement au tombeau.

Ce vieux monde, qui s'éteignait alors, avait vécu sur deux idées d'ordre, le saint pontificat romain, le saint empire romain, deux hiérarchies universelles, deux ordres, deux absolus, deux infinis. Deux infinis ensemble, c'est chose absurde. Un ordre double, c'est désordre. Combien en fait les deux hiérarchies étaient-elles troublées, c'est ce que personne n'ignore; mais enfin cette fiction légale avait mis quelque simplicité dans la vie. Le baron relevait sans difficulté du comte, le comte du roi; le roi lui-même ne méconnaissait pas dans l'empereur la tête du monde féodal. Chacun savait sa place, la route était prévue, tracée d'avance. On naissait, on mourait dans un ordre prescrit. Si la vie était triste et dure, il y avait du moins pour la mort un bon oreiller.

Aussi, lorsque tout cela s'ébranla, lorsque l'édifice où l'on s'était établi pour l'éternité se mit à chanceler, l'humanité n'eut garde de se réjouir. Elle ne vit pas en cela, comme nous pourrions croire, un affranchissement. Ce fut une immense tristesse. Chacun joignit les mains, et dit: Que deviendrons-nous?

Ce fut, Messieurs, comme si une planète hostile s'approchant de la nôtre, en suspendant les lois, en troublant l'harmonie, vous voyez cette maison trembler, le sol remuer, les montagnes s'émouvoir, le Mont-Blanc descendre et se mettre en marche au-devant des Pyrénées.

D'abord les deux figures colossales, le pape et l'empereur, se heurtèrent front contre front; le monde fit cercle autour. Il y eut là des choses étranges. Ces deux représentants de l'Europe chrétienne mirent bas toute religion, et renièrent. Le chef du saint empire appelle les Sarrasins contre les chrétiens, les établit en Italie, en face de Rome; il alla donner la main au soudan; il écrivit, telle est du moins la tradition, le livre des Trois imposteurs, Moïse, Mahomet et Jésus-Christ. De l'autre côté, le pape, le prêtre, le pacifique, prit le glaive, jeta l'étole, et fit de sa crosse une massue; il vendit les clés et la mitre, il se vendit lui-même à la France, pour tuer l'empereur. Il le tua, mais il en mourut, laissant dans la plaie son aiguillon et sa vie.

Un signe grave de mort, c'est le soin dont les deux adversaires se travaillent à cette époque pour constater qu'ils sont en vie. Jamais ils n'ont crié plus haut, jamais ils n'ont élevé de plus superbes prétentions; ils s'agitent, déclament et gesticulent en furieux du fond de leurs sépulcres. Leurs partisans répètent fièrement des paroles de démence, dont on frémit alors; bravades de la mort, insolence du néant. D'un côté, Barthole proclame que toute âme est soumise à l'empereur, que le monde spirituel est à lui, comme le temporel, qu'il est *la loi vivante.* « Non, réplique le défenseur du pape, le frère Augustinus Triumphus, l'autorité infinie, *immense,* c'est celle du pape; *immense,* je veux dire, sans nombre, poids, ni mesure. Le pape, c'est plus qu'un homme, plus qu'un ange, puisqu'il représente Dieu. » Et si Barthole insiste, les moines, poussés à bout, lui diront « qu'entre le soleil de la papauté et la lune de l'empire, il y a cette différence, que la terre étant sept fois plus grande que la lune, le soleil huit fois plus grand que la terre, le pape est tout juste quarante-sept fois plus grand que l'empereur. »

Quoi qu'on pense de cette étrange arithmétique, quelle que soit entre les concurrents la grandeur relative, tous deux sont alors bien petits. C'est le moment où le premier résigne dans sa Bulle d'or les principaux droits de l'empire; dans cette dernière comédie, les électeurs le débarrassent respectueusement de son pouvoir; ils lui dressent une table haute de six pieds, ils le servent à table, mais sur cette table ils lui font signer son abaissement et leur grandeur. Le temps n'est pas loin où ce maître du monde engagera ses chevaux aux marchands qui ne voudront plus lui faire crédit, et s'enfuira de peur d'être retenu par les bouchers de Worms. Pauvre dignité impériale, elle va traîner son orgueilleuse misère, fugitive avec Charles IV, captive avec Maximilien; celui-ci servira le roi d'Angleterre à cent écus par jour, jusqu'à ce qu'il rétablisse ses affaires par un mariage, et que sa femme le nourrisse.

Le pape, d'autre part, n'est ni moins fier, ni moins humilié. Souffleté en Boniface VIII par son bon ami le roi de France, il est venu se mettre à sa discrétion. Le gascon Bertrand de Gott, pour devenir Clément V, pactise secrètement dans cette sombre forêt de Saint-Jear d'Angely ; il y baise, les uns disent la griffe du diable ; les autres, la main de Philippe le Bel. Tel est le marché satanique : les Templiers périront, et avec eux la mémoire des croisades ; Boniface VIII sera flétri ; le pape déclarera que le pape peut faillir ; autrement dit, la papauté se tuera elle-même ; le juge se condamnera ; l'immuable aura reculé.

Ce qu'il y a encore de dur dans la pénitence du pape, c'est qu'il est forcé par le roi de France de continuer à maudire l'empereur qu'il ne hait plus. « Hélas! disait Benoît XII aux impériaux qui demandaient l'absolution, le roi de France ne le voudra pas. Il m'a déjà menacé de me traiter plus mal que Boniface VIII. » Philippe de Valois tenait en effet le pape et la papauté; il avait contre elle son Université, sa Sorbonne. Il fit un instant craindre à Jean XXII de le faire brûler comme hérétique. « Pour les choses de la foi, lui écrivait-il, nous avons ici des gens qui savent tout cela mieux que vous autres légistes d'Avignon. »

Voilà, Messieurs, dans quelles misères tombèrent les deux grandes puissances qui, au moyen âge, avaient représenté le droit : le saint empire et le saint pontificat. L'idée du droit, placé naguère dans les deux représentants des pouvoirs temporel et spirituel, où va-t-elle se transporter? L'homme est lâché hors de la route antique, le sentier tracé disparaît à ses yeux, il se trouve obligé de se guider et de voir pour soi. La pensée soutenue jusque-là, jusqu'alors persuadée qu'elle ne pouvait aller d'elle-même, la voilà laissée comme orpheline; il lui faut, seulette et timide, che-

miner par sa propre voie dans ce vaste désert du
monde.

Elle chemine ; à côté d'elle marchent les
nouveaux guides qui veulent la conduire.
Ceux-ci, Franciscains, Dominicains, parlent
encore au nom de l'Eglise. Ce sont des moines,
mais des moines voyageurs, mendiants. Ils n'ont
rien de la sombre austérité du moyen âge ;
l'humanité n'a rien à craindre ; ils lui font un
petit chemin de fleurs ; s'il y a un mauvais
pas, ils jettent sous ses pieds leur manteau.
Lestes et facétieux prédicateurs, ils charment
l'ennui du voyage spirituel. Ils savent de belles
histoires, ils les content, les chantent, les
jouent, les mettent en action. Ils en ont pour
tout rang, pour tout âge. La foi, élastique en
leurs mains, s'allonge, s'accourcit à plaisir.
Tout est devenu facile. Après la loi juive,
la loi chrétienne ; après le Christ, saint François. Saint François et la Vierge remplacent
tout doucement Jésus-Christ. Les plus hardis
de l'ordre annoncent que le Fils a fait son

temps. C'est maintenant le tour du Saint-Esprit. Ainsi, le christianisme sert de forme et de véhicule à une philosophie anti-chrétienne. L'autorité est ruinée par ceux qu'elle avait institués ses défenseurs.

Tandis que ces moines entraînent le peuple dans leur mysticisme vagabond, les juristes, immobiles sur leurs siéges, ne poussent pas moins au mouvement. Ceux-ci, âmes damnées des rois, fondateurs du despotisme monarchique, ne semblent pas d'abord pouvoir être comptés parmi les libérateurs de la pensée. Enfoncés dans leur hermine, ils ne parlent qu'au nom de l'autorité; ils ressuscitent les procédures de l'Empire, la torture, le secret des jugements. Ils somment l'esprit humain de marcher droit par l'itinéraire du droit romain. Ils lui montrent dans les Pandectes la route nécessaire. Rien de plus, rien de moins. C'est la *raison écrite*. Si l'humanité se hasarde de demander autre chose, ils n'entendent pas, ils ne comprennent pas, ils secouent la tête : *Nihil hoc ad edictum prætoris.* Ces gens-là ont traversé le moyen âge sans en tenir compte. Depuis Tribonien, ils ne datent plus. Ce sont les sept dormants qui se sont couchés sous Justinien, et se réveillent au onzième siècle. Quand le monde pontifical et féodal invoque le temps comme autorité, les jurisconsultes sourient, ils lui demandent son âge ; cette jeune antiquité de quelques siècles leur fait pitié. Leur religion, c'est Rome aussi; mais la Rome du droit; celle-ci les rend hardis contre l'autre ; un des leurs s'en va froidement *appréhender au corps* le successeur des apôtres. Cette lutte, commencée par un soufflet, ils la continuent poliment pendant cinq cents ans au nom des libertés de l'Église gallicane. Ils mettent tout doucement la féodalité en pièces avec leur succession romaine, qui morcelle les fiefs. Ils relèvent la monarchie de Justinien. Ils prouvent doctement aux rois que tout droit est aux rois ; ils nivellent tout sous un maître.

Dans leur démolition du monde pontifical

et féodal, les légistes procèdent avec méthode. D'abord ils défendent l'empereur contre le pape, puis ils poussent le roi de France contre le pape et l'empereur. Il ne tient pas à eux qu'en celui-ci ne soit coupée la tête du monde féodal. Ce monde s'en va en morceaux. Quand la France s'élève par la ruine de l'Empire, qui s'était dit son suzerain, quand le roi de France, transfiguré de Dieu au diable, de saint Louis à Philippe le Bel, commence sous la direction des juristes, à réclamer la suzeraineté universelle, son vassal d'Angleterre répond pour tous ; il réplique brutalement : *Non.* Que dis-je ? il a l'insolence de jeter par terre son seigneur : C'est moi, dit-il, qui suis roi de France.

Alors commence une furieuse guerre. Elle commence entre deux rois, elle continue entre deux peuples. C'est la forte et petite Angleterre qui vient secouer rudement la France endormie. Le sommeil est profond après ce long enchantement du moyen âge. Pour arriver jusqu'au peuple, il faut que l'Anglais passe à travers la noblesse. Celle-ci, battue à Crécy, prise et rançonnée à Poitiers, s'enferme dans ses châteaux ; l'Anglais ne peut l'en tirer, les plus outrageuses provocations suffisent à peine. Cinq ou six fois elle refuse la bataille avec des armées doubles et triples. Alors l'Anglais s'en prend à l'homme du peuple, au paysan ; il lui coupe arbres, vignes, l'affame, le bat, lui brûle sa maison, lui tue son porc, lui prend sa femme, donne aux chevaux la moisson en herbe... Il en fait tant, que le *bonhomme Jacques* se réveille, ouvre les yeux, se tâte, et remue les bras. Furieux de misère et n'ayant rien à perdre, il se rue contre son seigneur, qui l'a si mal défendu, il lui casse ses sabots sur la tête ; cela s'appelle *la Jacquerie*. Jacques a senti sa force. Les étrangers revenant, il sent de plus son droit, il s'avise que le bon Dieu est du parti français. Alors les femmes même s'en mêlent, elles jettent leur quenouille, et mènent les hommes à l'ennemi. Cette fois, Jacques s'appelle *Jeanne;* c'est *Jeanne la Pucelle.*

La France a aux Anglais une grande obligation. C'est l'Angleterre qui lui apprend à se connaître elle-même. Elle est son guide impitoyable dans cette douloureuse initiation. C'est le démon qui la tente et l'éprouve, qui la pousse l'aiguillon dans les reins par les cercles de cet enfer de Dante, qu'on appelle l'histoire du quatorzième siècle. Il y eut là, Messieurs, un temps bien dur. D'abord une guerre atroce entre les peuples, et, en même temps, une autre guerre, celle de la fiscalité entre le gouvernement et le peuple ; l'administration naissante vivant au jour le jour de confiscations, de fausse monnaie, de banqueroute ; le fisc arrachant au peuple affamé de quoi payer les soldats qui le pillent. L'or, redevenu le dieu du monde, comme au temps de Carthage, et l'exécrable impiété des mercenaires antiques renouvelée dans les condottieri de toutes nations.

De temps à autre, quelques mots jetés par les historiens nous font entrevoir tout un monde de douleur. « A cette époque, dit l'un d'eux, il ne restait pas hors des lieux fortifiés une maison debout, de Laon jusqu'en Allemagne. » « En l'année 1348, dit négligemment Froissart, il y eut une maladie, nommée épidémie, dont bien la tierce partie du monde mourut. »

Et tout en effet semblait se mourir. A la sérieuse inspiration des grands poëmes chevaleresques succédait la dérision obscène des fabliaux. Le monde n'avait plus de goût qu'aux licencieux écrits de Boccace. La poésie semblait laisser la place au conte, à l'histoire, l'idéal à la réalité. Entre Joinville et Froissard apparaît le froid et judicieux Villani.

Ce triomphe universel de la prose sur la poésie, qui, après tout, n'annonçait qu'un progrès vers la maturité, vers l'âge viril du genre humain, on crut y voir un signe de mort. Tous s'imaginèrent, comme avant l'an 1000, que le monde allait finir. Plusieurs se hasardèrent à prédire l'époque précise. D'abord ce devait être en l'an 1260 ; puis l'on obtint un sursis jusqu'en 1303, jusqu'en 1335; mais, en 1360, le monde était sûr de sa fin, il n'y avait plus de rémission.

Rien ne finissait pourtant; tout continuait, mais tout semblait s'obscurcir et s'enfoncer dans les ténèbres ; le monde s'effrayait, il ne savait pas que par la nuit il allait au jour. De là ces vagues tristesses qui n'ont jamais su se comprendre elles-mêmes. De là les molles douleurs de Pétrarque, et ces larmes intarissables qu'il regarde puérilement tomber une à une dans la source de Vaucluse. Mais c'est à l'auteur de la *Divine Comédie* qu'il est donné de réunir tout ce qu'il y a alors en l'homme de trouble et d'orages. Délaissé par le vieux monde, et ne voyant pas l'autre encore, descendu au fond de l'enfer, et distinguant à peine les douteuses lueurs du purgatoire, suspendu entre Virgile qui pâlit et Béatrix qui ne vient pas, tout ce qu'il laisse derrière, lui paraît renversé, à contre sens. La pyramide infernale lui semble porter sur la pointe. Cependant, par cette pointe, les deux mondes

se touchent, celui des ténèbres et celui du jour. Encore un effort, la lumière va reparaître; et le poëte, ayant franchi ce pénible passage, pourra s'écrier : « La douce teinte du saphir oriental
« qui flotte dans la sérénité d'un air pur a ré-
« joui le regard consolé ; j'en suis sorti de cette
« morte vapeur, qui contristait mon cœur et
« mes yeux. »

Messieurs, ne désespérez jamais. De nos jours, comme au temps de Dante, vous entendrez souvent des paroles de tristesse et de découragement. On vous dira que le monde est vieux, qu'il pâlit chaque jour, que l'idée divine s'éclipse ici-bas. N'en croyez rien ; pour moi, si je pensais qu'il en fût ainsi, jamais je n'aurais entrepris de vous raconter cette triste histoire, jamais je ne serais monté dans cette chaire. Non, messieurs, au milieu des variations de la forme, quelque chose d'immuable subsiste. Ce monde où nous vivons est toujours la cité de Dieu. L'ordre civil, si chèrement acheté par nous, est divin de justice et de moralité. La puissance du sacrifice n'est pas éteinte. Ce siècle n'est pas plus qu'un autre déshérité de dévouement. Le droit éternel a ses fidèles qui le suivent jusqu'à la mort. De nos jours, nous en avons connu qui couronnèrent une vie pure d'une fin héroïque. Nous n'avons pas connu ceux qui, aux siècles antiques, donnèrent leur vie pour leur foi. Mais pourtant, nous aussi, nous avons vu, touché des martyrs. Leurs reliques ne sont ni à Rome, ni à Jérusalem ; elles sont au milieu de nous, dans nos rues, sur nos places ; chaque jour nous nous découvrons devant leurs tombeaux.

Quels que soient nos doutes, nos incertitudes, dans ces âges de transition, croyons fermement au progrès, à la science, à la liberté. Marchons hardiment sur cette terre, elle ne nous manquera pas ; la main de Dieu ne lui manque pas à elle-même. Nous sommes toujours, croyez-le bien, environnés de la Providence. Elle a mis en ce monde, comme on l'a remarqué pour le système solaire, une force curative et réparatrice qui supplée les irrégularités apparentes.

Ce que nous prenons souvent pour une défaillance est un passage nécessaire, une crise périodique qui a ses exemples et qui revient à son temps.

C'est à l'histoire qu'il faut se prendre, c'est le fait que nous devons interroger, quand l'idée vacille et fuit à nos yeux. Adressons-nous aux siècles antérieurs; épelons, interprétons ces prophéties du passé; peut-être y distinguerons-nous un rayon matinal de l'avenir. Hérodote nous conte que, je ne sais quel peuple d'Asie, ayant promis la couronne à celui qui le premier verrait poindre le jour, tous regardaient vers le levant; un seul, plus avisé, se tourna du côté opposé; et en effet, pendant que l'orient était encore enseveli dans l'ombre, il aperçut vers le couchant les lueurs de l'aurore qui blanchissait déjà le sommet d'une tour!

FRAGMENT D'UN MÉMOIRE

SUR

L'ÉDUCATION DES FEMMES

AU MOYEN AGE.

FRAGMENT D'UN MÉMOIRE

SUR

L'ÉDUCATION DES FEMMES

AU MOYEN AGE.

(Lu dans la séance publique annuelle des cinq Académies
de l'Institut de France, le 2 mai 1838.)

Les femmes du moyen âge ne furent pas indignes du respect enthousiasté, de l'espèce de culte dont les entoura l'époque chevaleresque. Dans les siècles peu connus qui précédèrent, dans la silencieuse obscurité des âges barbares et monastiques, elles s'étaient élevées peu à peu à cette haute perfection morale qui tout à coup éblouit le monde.

Cette longue éducation de la femme pendant plusieurs siècles peut se dire en un mot : l'*imitation de la Vierge*. Quelques lignes de l'Évangile devinrent un texte inépuisable qu'on s'efforça tout à la fois d'orner dans les légendes et de reproduire dans la vie. Chaque âge ne pouvant qu'imiter incomplétement ce divin idéal, exprima du moins à sa manière tel aspect, tel moment de la vie de la Vierge, en sorte que cette vie tout entière trouve une sorte de commentaire dans l'ensemble des âges chrétiens. La Vierge humble et docile sous la discipline de sa mère ; la Vierge allant chercher son fils au temple et l'écoutant parmi les docteurs ; la Vierge honorée des disciples et triomphante au ciel : ces trois moments sont précisément les phases historiques de l'existence des femmes dans le cours du moyen âge. Au dernier répondent les douzième et treizième siècles avec leur enthousiasme chevaleresque et mystique, l'époque où le grand poëte théologien, Dante, semble confondre la femme avec la beauté éternelle, ou les minnesinger de l'Allemagne la voient « sur un trône... « douze étoiles pour couronne, et la tête de « l'homme pour marchepied. »

Les premières paroles que le christianisme adressa à la femme étaient loin de faire prévoir une telle élévation. Il s'agissait d'abord de la rappeler à elle-même, de lui faire abjurer la fausse liberté de la vie païenne. L'apôtre dit dans l'une de ses épîtres : « Si la femme a reçu de longs « cheveux, c'est afin qu'elle puisse s'en voiler. « Ce n'est pas à l'homme à porter le voile. « L'homme est la gloire de Dieu, la femme est « la gloire de l'homme. Qu'elle apprenne donc « en silence avec toute soumission. Je ne veux « pas qu'elle enseigne, ni qu'elle domine sur « l'homme, mais qu'elle reste silencieuse. »

Cette parole sévère s'adresse surtout à l'épouse, à la compagne de l'homme. L'épouse ne fut pas le premier objet des prédilections du christianisme. Il craignit qu'elle ne trouvât sa plus haute félicité en ses enfants et s'inquiétât moins du bonheur céleste. Tout en sanctifiant le mariage, il apprit à le dédaigner. L'idéal qu'il offrit à imiter dans la mère du Sauveur, ce fut moins la mère que la Vierge. Les vierges des monastères furent ses disciples chéries ; il les orna à plaisir de toutes les grâces morales ; il ne crut pas pouvoir parer dignement les fiancées de Dieu.

Dans cette longue éducation des vierges chrétiennes, la première leçon fut le travail : elles filèrent pour l'autel. Puis, de crainte que le travail des mains ne laissât place aux vaines pensées, on leur donna une plus noble tâche ; elles furent jugées dignes de lire, d'écrire la parole de Dieu. Sous la discipline d'Origène, de saint Césaire d'Arles, les religieuses s'employaient à copier les livres saints ; elles lisaient les touchantes histoires de Ruth et d'Esther. Elles contemplaient dans le Nouveau Testament ce haut idéal de la Vierge, dont l'imitation devait être la règle de leur vie. Elles écrivaient les vies des saints; avec quel respect, quels soins pieux, qui pourrait le dire? Ces merveilles étaient contemporaines, la cendre des martyrs était tiède encore!

Elles ne cherchaient que la sainteté; elles eurent de plus la science. Elles devinrent doctes autant que pieuses. Après avoir appris, elles enseignèrent à leur tour. Les monastères devinrent des écoles. Épreuve délicate. Ces chastes filles, qui avaient juré d'ignorer la maternité, en retrouvaient les affections. La vue seule de l'enfant réveillait dans toute sa force l'instinct maternel. Mais comment repousser *ces petits* auxquels le Christ même a dit d'approcher?... Comment ne pas relever le nouveau né que l'on trouvait gisant à la porte du monastère? Les pieuses vierges lui tendaient les bras. Elles lui donnaient les aliments, les soins, les douces paroles..... Les joies maternelles pénétraient dans la froide cellule. La nature, bannie du cloître, rentrait victorieuse par la charité...

Plusieurs, il est vrai, résistaient. Elles se réservaient tout entières pour Dieu, pour la science de Dieu. Elles suivaient les docteurs dans cette carrière, ou les devançaient. Elles étaient aussi savantes, mais souvent plus subtiles dans l'interprétation. On venait de toutes parts au couvent de Nivelle consulter sainte Gertrude sur le sens des plus obscures allégories de la Bible. Au monastère de Chelles, près Paris, les hommes et les femmes écoutaient avec un égal respect les leçons de sainte Bertilla. Les rois de la Grande-Bretagne lui demandaient quelques-uns de ses disciples pour fonder des écoles et des monastères. Elle leur envoyait les maîtres et les livres.

Les religieuses ne se contentèrent pas de commenter, elles inventèrent. Au fond de l'Allemagne, la *blanche rose de Saxe*, Hroswitha (je traduis son nom), composa ses drames, si hardis dans le fond, si chastes dans la forme.

Rien ne contribua au progrès spirituel des religieuses plus que le rapprochement des monastères d'hommes et de femmes. Ces pieuses retraites étaient souvent placées dans des déserts, au fond des forêts, souvent parmi des tribus barbares et demi-païennes; il n'y avait pas moyen d'y laisser les religieuses seules et sans secours. Les frères vivaient près d'elles, dans un monastère voisin. Les deux communautés se réunissaient pour entendre la parole de Dieu. Les occupations étaient diverses : elles filaient, lisaient et priaient; eux, de plus, ils se livraient, pour elles, aux soins de l'agriculture et du jardinage. Des hommes éminents, dont l'Église s'honore, ne dédaignaient pas ces humbles travaux. C'est ainsi qu'au quatorzième siècle le docte et excellent M. Hamon s'était fait le jardinier des dames de Port-Royal.

Le rapprochement des monastères, dont on a certainement exagéré les abus, créait entre les frères et les sœurs une heureuse émulation d'étude aussi bien que de piété. Les hommes tempéraient leur gravité et participaient aux grâces morales des femmes. Elles, de leur côté, prenaient dans l'austère ascétisme des hommes un noble essor vers les choses divines. Les uns et les autres, selon la noble expression de Bossuet, s'aidaient à *gravir le rude sentier*.

L'intrépide apôtre du Nord, saint Boniface, ayant fondé son monastère de Fulde au sein de la barbarie germanique, établit, non loin de là, un monastère de femmes, et le confia à sa parente Lioba qui en devint abbesse. Cette docte fille connaissait les livres saints, les écrits des Pères, le droit ecclésiastique. La Bible ne sortait presque jamais de ses mains ; lors même qu'elle était couchée, elle se la faisait lire encore ; on continuait pendant qu'elle dormait, et son biographe assure que si l'on passait une syllabe elle se réveillait à l'instant.

Lioba, dès son vivant, était tenue pour sainte. Elle fut la seule femme qui entrât jamais au monastère de Fulde. Elle y venait les jours de fêtes, et les moines lui offraient avec respect une légère collation. Lorsque saint Boniface alla chercher le martyre chez les féroces tribus de la Frise, il recommanda qu'on l'enterrât près de Lioba. « Je veux, disait-il, attendre près d'elle le jour « de la résurrection. Ceux qui ont travaillé en- « semble pour le Christ doivent recevoir en- « semble leur salaire. »

L'époque enthousiaste de la première croisade ne se contenta pas d'égaler la femme à l'homme; elle l'éleva plus haut encore. Une célèbre abbaye, fondée vers l'an 1100, réunit dans les bois de Fontevraud deux communautés, l'une d'hommes, l'autre de femmes, et les hommes même furent soumis à l'abbesse. L'abbesse avait le double glaive, temporel et spirituel. Elle punissait et elle absolvait. D'elle émanaient également les censures et les indulgences. Tous les biens de l'ordre étaient entre ses mains; les frères étaient nourris par elle.

Un mot de l'Evangile avait inspiré cette fondation; c'est celui que Jésus dit à saint Jean du haut de la croix, en lui montrant la sainte Vierge : « Voilà votre mère! » La Vierge, mère adoptive de saint Jean, semblait investie, par ce mot, de l'autorité du maître sur le disciple bien-aimé.

Lorsqu'une religieuse mourait à Fontevraud, les frères avaient droit de venir inhumer leur sœur. De même, lorsqu'on enterrait un religieux, les dames le recevaient au chœur de leur église, lui chantaient les prières funèbres et recommandaient son âme. La mort seule rapprochait les habitants des deux monastères.

Le pieux fondateur, se sentant mourir dans un voyage, n'avait d'autre crainte que de ne pas être enterré dans sa maison chérie. » O Fonte-
« vraud, Fontevraud! disait-il, je désirais tant
« reposer chez toi! » Puis il fit venir son intime ami, l'évêque du lieu, et il lui dit : « Mon père,
« sachez bien que je ne veux point être enterré
« à Bethléem, où Dieu a daigné naître d'une
« Vierge, ni à Jérusalem près du saint sépulcre,
« ni à Rome parmi les martyrs... C'est à Fon-
« tevraud, nulle part ailleurs, que je veux re-
« poser. »

Fontevraud n'était pas moins que la chevalerie dans la vie monastique. L'époque de sa fondation est celle où la femme commence à régner dans les châteaux, dans les cours d'amour ; c'est son avénement. L'homme semble vouloir abdiquer ; il se trouve heureux d'obéir, de déposer entre des mains aimées l'inquiète volonté humaine, déjà lasse au douzième siècle.

Et combien cet abandon se fit avec confiance, lorsqu'au même temps on vit pour la première fois, dans les lettres d'Héloïse, l'immortelle expression du désintéressement, du dévouement sans bornes de l'amour!... Je ne redirai pas cette touchante histoire, toujours populaire après tant de siècles. Mais je ne puis m'empêcher de rappeler la fondation du Paraclet, de la noble école d'Héloïse.

Lorsque Héloïse et ses sœurs furent expulsées du monastère d'Argenteuil, Abailard vint à leur secours et les conduisit dans un lieu désert où il s'était réfugié au temps de la persécution. Il y avait

élevé une petite chapelle, « *non à saint Jean, à
« saint Pierre ou au Sépulcre* (il le dit hardiment
« lui-même) ; *il l'avait dédiée au seul Paraclet,* »
à l'esprit de vie et de science. Il voulait y donner
un asile aux fugitives. Mais Abailard n'avait
que son génie. Né noble, riche, aîné de sa famille, il avait tout laissé à ses frères. Et, toutefois, il ne voulut rien recevoir des seigneurs ni
des rois pour bâtir la maison d'Héloïse. Ses disciples y pourvurent. Simples prêtres, écoliers
indigents, mendiants de la science, ils trouvèrent
des trésors pour leur maître. « Bientôt, dit l'é-
« pouse d'Abailard, on ne sut plus que faire des
« offrandes. » Glorieuse fondation de la philosophie, de l'amour, de la liberté, bâtie des mains
du pauvre pour abriter de pauvres religieuses,
le Paraclet, malgré sa règle austère, fut bientôt
trop étroit pour la foule de celles qui voulurent
y recevoir les leçons d'Héloïse. Les papes honorèrent l'éloquente abbesse. Saint Bernard lui-
même, le grand adversaire d'Abailard, vint voir
le Paraclet, et fut édifié. Toutefois, soit que le
souvenir d'Abailard fît tort au monastère ; soit

que le nom même de Paraclet devînt suspect, ce fut la première et la dernière église élevée au Saint-Esprit.

On sait qu'Héloïse, par un admirable dévouement, s'était longtemps obstinée à nier qu'elle fût l'épouse d'Abailard. Le mariage étant considéré alors comme inconciliable avec les travaux de la science et de l'enseignement, elle s'immolait à la gloire de son époux; elle craignait d'ôter une telle lumière au monde. « Celui que la nature avait fait pour tous, pou-« vais-je, dit-elle, le prendre pour moi seule? »

Le moyen âge chrétien, préoccupé du plus haut idéal, sembla mépriser le mariage et la vie de famille. Plusieurs théologiens enseignaient que le mariage est un péché, tout au moins un péché véniel. Les cours d'amour, qui portaient dans la passion les dangereuses subtilités de la scolastique, décidaient que le véritable amour ne peut exister entre époux. L'éducation que la femme avait reçue dans les âges monastiques eut ce noble défaut d'être à l'excès poétique et subtile. Les couvents, devenus des écoles, ressemblèrent trop souvent aux écoles de l'antiquité. Ces doctes religieuses, qui enseignaient les plus hautes sciences, font penser aux Lasthénie, aux Hypatia des âges païens.

Quoique le christianisme eût posé le double type de la vierge et de la mère, c'est au premier des deux points de vue que le moyen âge s'attacha de préférence ; c'est là qu'il chercha la plus haute perfection. Par quels degrés les chevaliers et les docteurs, les poëtes et les mystiques, développèrent à l'envi leur sublime idéal de la femme, c'est ce que je n'essaierai pas d'exposer ici. Qu'il me soit permis seulement d'indiquer le terme où menait cette route, la fin suprême où aboutit cette poésie métaphysique. Cette fin est marquée chez Dante, qui, conduit par Béatrix du purgatoire au paradis, par elle initié de cercle en cercle, la voit se perdre et se fondre au sein de l'éternelle beauté.

Trois passages très-courts marquent admirablement cette progression. Dans le premier, Dante est encore si préoccupé de son aimable guide, qu'il a peine à regarder plus haut.

« Elle me ramena à moi-même, en m'éclai-
« rant d'un doux sourire, et elle dit : Tourne-
« toi, écoute... Ne crois pas que le paradis soit
« seulement dans mes yeux!.. »

Parvenu à un cercle plus élevé, Béatrix se transfigure ; le charme est mêlé de terreur :
« Elle ne riait pas... Si je riais, dit-elle, il t'ad-
« viendrait comme à Sémélé, qui tomba en cen-
« dres. Ma beauté éclate à mesure que nous
« montons les degrés du palais éternel ; mais je
« la tempère pour toi... »

Enfin, lorsqu'il a franchi les derniers cercles et que l'initiation est achevée, elle lui dit : « Eh
« bien ! il en est temps, ouvre les yeux ; regarde.
« Tu as vu maintenant de telles choses que tu
« es devenu assez fort pour affronter mon sou-
« rire ! »

Telle est l'étrange hauteur où, sur les ailes de la poésie mystique et chevaleresque, s'élève la femme au moyen âge... Mais elle disparaît ici... Dante la cherche d'un œil inquiet, et le paradis même a peine à le consoler. Peut-être, sans oser le dire, regrette-t-il de l'avoir portée à ce faîte sublime, où l'éblouissante figure, n'ayant plus rien de l'humanité, s'est perdue dans la lumière... Pour moi, quelque glorieuse que soit cette apothéose, je ne sais si la femme n'était pas aussi divine lorsqu'elle était femme encore, lorsque, moins élevée sans doute, mais plus touchante, unissant mieux les harmonies de la poésie et de la nature, elle tenait entre les bras ce qui fait sa vraie parure, son charme, sa grâce, un enfant!...

TABLE.

Préface.................................... v
Introduction a l'histoire universelle............ 9
Notes et éclaircissements...................... 111
Discours d'ouverture.......................... 237
Fragment d'un mémoire sur l'éducation des femmes au moyen age............................. 265

FIN.

www.ingramcontent.com/pod-product-compliance
Lightning Source LLC
Chambersburg PA
CBHW070822170426
43200CB00007B/874